LETTRE

A

UN VIEIL AMI SUR LES DOMESTIQUES.

———

Tu veux mettre la doctrine à une rude épreuve. « Fais-moi voir, dis-tu, qu'elle nous donnera de bons domestiques, et je la déclare divine, je me mets au nombre des croyans. » En vérité, mon vieil ami, tout autre que moi prendrait ta question pour une mauvaise plaisanterie. Moi, je te connais assez pour savoir qu'elle est faite au sérieux. C'est toujours ton imperturbable égoïsme ; toujours il perce dans les choses même où il semblerait avoir le moins à faire. Voici bientôt trente ans que je cherche à te guérir de cette maladie ; mais tu es homme du dix-neuvième siècle, tu es célibataire, tu es riche ; c'en est assez pour rendre ton mal incurable. Aujourd'hui, cependant, tu m'indiques toi-même une voie toute nouvelle pour te convertir, je la tenterai, mon ami ; car, comme l'a dit ~~autrefois~~ saint Paul, il faut se faire tout à tous, et peut être, à force d'égoïsme, finiras-tu par te passionner pour une doctrine de dévouement.

Ton sémillant neveu me demandait l'autre jour avec ce ton de persifflage que je hais tant, si la doctrine rendrait les femmes fidèles : « Jeune homme, lui répondis-je, votre question sent le travers du siècle ; écoutez, cependant, voici ma réponse : Oui, la doctrine rendra les femmes fidèles ; mais, pour arriver aux femmes, c'est par les maris qu'elle commencera. » De même, mon ami, pour réformer les domestiques, c'est par les maîtres, disons-nous, c'est par la société tout entière qu'il faut commencer. Quand les membres languissent, ce sont les viscères qu'il faut ranimer. Mais il n'est pas encore tems de parler du remède, voyons d'abord les symptômes de la maladie.

Ces domestiques, m'as-tu souvent dit, sont *une maudite engeance*, et pour le repos des vieux célibataires, il serait bon qu'il

n'y en eût point au monde. Que de déboires ils t'ont donnés !
De quelle amertume ils ont empoisonné le cours d'une existence d'ailleurs si fortunée. Que de fois, lorsque j'allais te visiter au sein de la riante retraite où, neuf mois de l'année, *tu
fuis les chagrins de la ville*, j'ai vu la figure d'un nouveau laquais me présager les tristes confidences que j'allais recevoir,
et m'annoncer que les tribulations du ménage avaient encore
une fois répandu le trouble dans ce séjour fait pour la paix! Il
n'est sorte de mauvais tours que ces gens-là ne t'aient joués.
C'est un vrai *crescendo* de malfaisance et d'ingratitude. L'un,
il m'en souvient, portait ton linge et tes habits, prétendant,
qu'ayant la peine de les nettoyer tous les jours, il avait bien
le droit de s'en parer quelquefois. L'autre, chargé de garder
la maison, oubliait son devoir pour les réjouissances du bal,
ou pour les tendres mystères d'un rendez-vous. Ton cocher
menait ventre à terre tes chevaux à la promenade, et les ra-
menait estropiés. Ton économe, homme de mérite d'ailleurs,
enflait ta dépense par delà toute raison, et, lorsqu'il y a six
mois, sa passion démesurée pour le Champagne te força de
le renvoyer, tu vis accourir tout effarée une cohorte de four-
nisseurs, réclamant, le mémoire à la main, un arriéré de
plusieurs mois. Enfin, pour me servir de ta comparaison,
une cuisine est un véritable enfer. Ces gens-là sont vils, menteurs, horriblement débauchés, se détestant entre eux, et détestant leur maître, le pillant à qui mieux lorsqu'ils sont unis,
le fatigant de méchans rapports lorsqu'ils sont divisés. Le
pis est que leur malfaisance est raisonnée, et qu'ils ont une
espèce de morale à eux pour justifier leur turpitude. N'ont-
ils pas lu, dans ton ami Rousseau « qu'un maître et ses domestiques sont entre eux dans un véritable état de guerre ;
que ceux-ci, faisant au premier tout du pis qu'ils peuvent,
usent en cela d'une juste représaille; que les maîtres étant
usurpateurs, menteurs et fripons, il n'y a pas de mal à les
traiter comme ils traitent le peuple, le prince et les particuliers, et à leur rendre adroitement le mal qu'ils font à force
ouverte. » Ne voient-ils pas leurs innocentes malices retra-
cées chaque soir sur la scène, avec approbation de nos cen-
seurs royaux, conservateurs jurés de la morale publique !
Et lorsque, assistant à ces représentations, ils entendent les
bruyantes acclamations de l'auditoire, ne doivent-ils pas être
bien honteux de leurs scrupules, s'ils en avaient encore con-
servé quelques-uns, et décider en eux-mêmes que, si leurs
peccadilles causent quelque tort à leurs maîtres, ceux-ci en

sont dédommagés, et au-delà, par le plaisir qu'ils ont de s'en divertir.

Vois-tu, mon ami, ces gens-là sont devenus d'intrépides raisonneurs. Depuis que la superstition, pour parler comme nos philosophes, n'abrutit plus leurs esprits, et ne tient plus leurs regards attachés à la terre, ils les portent tout autour d'eux, sur leurs maîtres, sur eux-mêmes; et aux clartés du sens commun, ils examinent leur existence sociale. Je ne t'ai jamais parlé, jusqu'ici, de certaine conversation que, l'année dernière, à ta campagne, assis derrière une porte, le hasard me fit entendre, et que la curiosité me fit écouter. Aujourd'hui, elle me revient fort à propos. Ton domestique Pierre causait avec cette jeune servante qu'il a depuis épousée. « Marie, lui disait-il, puisque notre mariage est convenu, il faut nous préparer à quitter la maison. Je sais que Monsieur ne veut pas de domestique marié, et quoiqu'il ait assez d'attachement pour moi, je doute qu'il veuille faire une exception en ma faveur. C'est une si vilaine engeance que ces maîtres! Les meilleurs ne valent encore rien. Ne pas vouloir qu'on se marie! est-ce raisonnable? Ils répètent tant qu'il faudrait marier les prêtres; pourquoi ne pas laisser marier les domestiques. Mais voici ce qu'ils disent: Un domestique marié, mâle ou femelle, n'est plus aussi bon pour le service. Les femmes sont enceintes de tems à autre, et quand viennent les couches, il faut prendre quelqu'un pour les remplacer. Le mari va de tems en tems passer la nuit avec sa femme, et alors où le prendre si nous avons besoin de lui? Si le mari est sans place, la femme le nourrit à nos dépens, et le mari, à son tour, nourrit sa femme dans l'occasion. Puis viennent les enfans, et c'est encore à nos dépens qu'ils sont entretenus. Tout cela coûte trop cher. Nous ne voulons pas de gens mariés. Qu'en dis-tu, Marie; ne voilà-t-il pas de bonnes raisons pour empêcher les gens de se marier? Fi de leur avarice... Eh! que ne vont-ils chercher leurs domestiques à Constantinople! Des eunuques, voilà ce qu'il faut pour des Turcs jaloux, ou pour des chrétiens économes.

» Quoi qu'il en soit, ma chère amie, Monsieur est ferme dans son opinion, et puisque nous voulons nous marier, je te le répète, il faut quitter son service. D'ailleurs, voulût-il nous garder, je ne resterais pas. Je n'aime pas le métier de domestique. Avec mon pantalon rouge et mon habit galonné, tout le monde me regarde dans les rues et mes amis me bafouent. Monsieur me fait porter sa livrée, afin qu'on sache

que je lui appartiens ; moi je prétends n'appartenir à personne. Cela était bon avant la révolution, mais aujourd'hui,
cela ne convient plus. Et puis, n'avoir jamais un moment à
soi ; être prisonnier le dimanche, comme les autres jours ; ne
pas voir ses amis ou ne les voir qu'en cachette ; si je les traite
au cabaret, on dit que je suis un ivrogne ; si je les reçois dans
la maison, on dit que je suis un coquin ; si je reste le soir à
dormir sur ma chaise, on dit que je suis un fainéant ; si je
m'occupe à lire, on ricane et on m'appelle bel esprit ! Enfin,
je ne puis me résoudre à vivre plus long-tems relégué dans
une cuisine ou dans une antichambre, comme le cheval à l'é-
curie ou le chien dans sa niche, trop heureux lorsque nos
beaux messieurs veulent bien me favoriser d'une parole. Pour
moi, cette vie-là me dégoûte, Marie, et pour toi, qui dois
être ma femme, elle me désole. Une fois mariée, je veux que
tu sois sage, et je ne serais jamais tranquille, te sachant avec
cette canaille de valets dans la cuisine, et cette canaille de
maîtres dans l'appartement. Ecoute, Marie, mes parens
étaient des bourgeois ; je suis né pour être mieux que domestique. Depuis cinq ans que je suis avec Monsieur, j'ai amassé
quelques écus ; ton père, en te mariant, te donne aussi quelque chose ; je suis bien sûr que Monsieur ne refusera pas de
nous aider. Je connais un fonds de commerce qui est à ven-
dre à bon prix ; je veux l'acheter, j'espère que nous ferons
de bonnes affaires. Nous serons indépendans ; nos enfans le
seront aussi, et n'auront pas à rougir de la condition de leurs
parens ; cela ne vaut-il pas mieux que de passer sa vie dans
une cuisine, pour s'aller, à la fin, voir mourir dans un hô-
pital. »

Pardon, mon vieil ami, si je t'ai trop long-tems entretenu
de ces propos d'un valet ; le discours est trivial, sans doute,
mais n'est-il pas vrai qu'au fond cela n'est pas trop mal rai-
sonné. Quant à moi, je te l'avoue, juge impartial, si j'avais
eu à prononcer entre le maître et le serviteur, après avoir
entendu le plaidoyer de l'un et de l'autre, je ne sais auquel
des deux j'aurais donné raison ; à aucun des deux, je crois ;
mais certainement je les aurais plaints tous les deux ; j'aurais
appelé de mes vœux les changemens qui doivent mettre une
fin à de si tristes débats. Il est déplorable de voir cette lutte
entre le pauvre et le riche, entre l'inférieur et le supérieur,
lutte qui tantôt sourdement, tantôt ouvertement, a toujours
agité la société, et qui aujourd'hui est bien près de finir par

le triomphe des anciens opprimés; il est déplorable de voir cette lutte systématiquement organisée jusque dans le foyer de chaque famille, y porter ses haines, ses fraudes, quelquefois même ses violences, et faire du maître et du serviteur des objets d'indifférence, le plus souvent d'aversion l'un pour l'autre. Nul désordre, dans notre société qui en renferme tant, ne m'a paru plus destructif de cette tranquillité domestique, et en même tems de ces dispositions affectueuses si nécessaires au bonheur; nul ne m'a paru mériter davantage l'attention du philosophe ami de l'humanité. J'ai souvent songé aux remèdes qu'on y pouvait apporter, et je suis bien aise que ton bizarre défi m'ait fourni aujourd'hui l'occasion de rassembler et de coordonner les réflexions que j'ai faites sur ce sujet. Cependant, avant de me mettre à l'œuvre, l'idée m'est venue de me détourner quelques instans pour aller demander conseil à ton oracle, le philosophe de Genève. Il m'a mené voir, au château de Mme de Wolmar, cette économie domestique, dont Saint-Preux nous a laissé le tableau dans cinquante longues pages in-8°, et qui est fondée, comme il le dit, sur *l'empire de la beauté bienfaisante* : spectacle touchant, mon vieil ami, véritables scènes d'innocence arcadienne. Toutefois il y a là tout au plus de quoi amuser le lecteur; pour l'instruire il n'y a rien. Dans cette espèce de poëme, Rousseau, selon sa coutume, a plutôt voulu faire la critique de ce qui est, que le plan de ce qui doit être; il n'a pas aperçu les vices de notre état social, qui produisent nécessairement les désordres de la domesticité; et par une conséquence naturelle, il ne s'est pas occupé des changemens dans l'état social qui doivent mettre fin à ces désordres. On voit toujours, dans son *économie*, Monsieur et Madame d'un côté, et de l'autre, de bons et loyaux serviteurs, soupirant de tendresse pour leur bon maître et leur bonne maîtresse. Il n'a pas vu que ce caractère de *servilité*, dernière empreinte du régime de servitude, devait disparaître de la profession du domestique; que cette profession devait être réhabilitée, comme toutes les autres l'avaient été successivement; et qu'elle devait prendre son rang dans la hiérarchie sociale, et obtenir une juste considération, parce qu'étant nécessaire, elle est par là même honorable. Il n'a pas vu enfin que cette réforme particulière se lie à une autre, beaucoup plus générale, comme je te le dirai tout à l'heure. Faute d'avoir compris ces grandes vérités, Rousseau, pour ne pas rester court, a fait dépendre le succès de son plan d'un ensemble de conditions impossibles à réaliser, et qui prouvent qu'entre tous ses mérites, il n'eut du moins jamais celui d'être chef d'un grand ménage. Rappelle-toi, par exemple, les précautions qu'il exige pour le choix de domestiques. « On n'en admet point qui aient déjà servi dans une autre maison.... On les prend dans quelque famille nombreuse, et surchargée d'enfans, dont les pères et mères viennent les offrir eux-mêmes.... On les choisit jeunes, bien faits, de bonne santé et d'une physionomie agréable:.... Pour éviter que la concorde soit troublée, M. de Wolmar n'examine pas seulement s'ils conviennent à sa femme et à lui, mais encore s'ils se conviennent l'un et l'autre, etc., etc. » Après avoir strictement observé ces précautions préliminaires, si tu n'as pas une Mme de Wolmar pour danser avec eux, et leur faire deux sermons par jour, pour donner du laitage, des gaufres et des écrelets, pour s'intéresser à leurs affaires et leur dire des mots agréables ; si tu n'as pas un beau château, bien vaste pour les loger convenablement, avec un bel emplacement pour leur faire un cirque et une arène où ils gagneront les prix dont tu auras fait les fonds ; si tu n'as pas tout cela, mon ami, désespère d'avoir jamais de bons domestiques, et bien d'autres doivent en désespérer avec toi. Je laissai donc Rousseau avec ses aimables hôtes ! et en le quittant, je ne pus m'empêcher de lui dire : « M. Rousseau, le plus petit curé de mon pays en sait plus long que vous sur ces matières-là. Quelque autre jour, je me réserve de vous en dire la raison. »

Voilà donc ta philosophie convaincue d'impuissance. Tu l'invoques en vain ; ses oracles sont menteurs. Maintenant c'est à la doctrine de parler : nous verrons, dans une prochaine lettre, si elle ne tiendra pas mieux ses promesses.

G.....

Pillet aîné, Imprimeur du Roi, rue des Grands-Augustins, n° 7.

DEUXIEME LETTRE

A
UN VIEIL AMI SUR LES DOMESTIQUES.

Tu te plains de ma négligence, mon vieil ami, je t'avais promis de faire parler la doctrine, elle devait t'apprendre les
causes de ce malaise qui tourmente aujourd'hui maîtres et
domestiques dans leurs rapports mutuels ; elle devait te révéler aussi ce que l'avenir a préparé pour réconcilier les uns
avec les autres. Cependant les semaines s'écoulent, et l'oracle annoncé n'arrive point. Médecin insensible et distrait,
je laisse, dis-tu, languir dans une pénible attente mon ma-
lade souffrant : patience et pardon, mon vieil ami ; puisqu'il
en est encore tems, je viens aujourd'hui réparer mes torts
et m'acquitter de ma promesse,

Réfléchis sur les circonstances qui, dans notre société,
rendent les domestiques hostiles envers les maîtres, leur
donnent de la tiédeur, du dégoût même pour leurs devoirs,
et causent enfin la dépravation malheureusement trop certaine dans laquelle ils sont plongés ; tu verras que ces circonstances sont de deux sortes. Les unes, générales, sont
les mêmes qui constituent toutes les classes inférieures en
état de lutte permanente contre les classes supérieures, corrompent plus ou moins par là même leur morale et leurs habitudes. Les autres, spéciales, tiennent à la position tout-
à-fait exceptionnelle dans laquelle la profession de domestique se trouve encore placée parmi nous. Je m'occuperai
aujourd'hui de cette dernière classe de circonstances seulement : les considérations qu'elles doivent nous fournir demandent bien seules une lettre à part.

C'est un fait étrange, mais incontestable, que relativement
au degré de considération sociale dont elle jouit, la profession de domestique est une des dernières, je dirais presque la dernière de toutes. Quelle que soit encore la hauteur
habituelle de nos procédés envers les classes inférieures,
nous savons, dans l'occasion, fraterniser avec un laboureur
ou un artisan ; nous nous entretenons avec lui, nous lui ten-
dons la main en signe d'amitié ; il s'assied à notre table, et
nous prenons place à la sienne. Mais le domestique est encore un être à part dans la société, une espèce d'excommu-
nié, de profane dont le contact souille, et dont le souffle est
impur ; entre lui et nous les signes de la fraternité humaine
sont interdits ; sa présence profanerait la table ou le foyer
des maîtres. Nous le tenons toujours à *distance*, comme on dit ;
et sauf un petit nombre d'exceptions, nous ne lui adressons

la parole que pour lui faire connaître nos volontés. Ce sentiment de l'infériorité, ou, pour mieux dire, de *l'indignité* du domestique, se manifeste continuellement à notre insu, dans nos rapports avec lui, tantôt d'une manière rude et brutale, tantôt sous une forme plus délicate, mais non moins expressive. Te rappelles-tu, par exemple, le récit de la visite que Mme Roland, encore petite fille, va faire à Mme de Boismorel avec sa grand'maman Phlipon : « *les gens*, dit-elle, en soulignant elle-même ce mot, voulurent se mêler de me faire des complimens ; alors je commençai à sentir une sorte de malaise, difficile à m'expliquer, mais dans lequel je démêlai pourtant que *les gens pouvaient me regarder, mais qu'il ne leur appartenait pas de me complimenter.* » Et puis, quelques lignes plus bas, nous trouvons l'histoire de cette Mme de Rondé, « qui, malgré son grand âge, aimait encore à faire belle gorge, et portait toujours la sienne à découvert, excepté lorsqu'elle montait en voiture, ou qu'elle en descendait. Car alors elle la cachait d'un grand mouchoir qu'elle tenait toujours à sa poche, dans cette intention, parce que, disait-elle, *cela n'était pas fait pour montrer à des laquais.* » Nous sourions, mon ami, à la naïve susceptibilité de la petite fille, et nous haussons les épaules à l'altier cynisme de la dame. Mais à travers ces dédains de deux femmes, force nous est, malheureusement, de reconnaître l'influence d'un préjugé social, aussi puissant qu'il est déplorable.

Il serait naturel de croire que ce sentiment réprobateur, qui flétrit si cruellement le domestique, prend sa source dans la nature même des fonctions dont il est chargé. Que l'animadversion sociale poursuive l'alguazil ou le bourreau, ou quelques autres professions également impures, il n'y a rien là qui puisse nous surprendre : cette animadversion s'explique. Mais il n'en est pas de même pour le domestique. Les devoirs de sa profession n'ont par eux-mêmes rien que d'honorable, et le genre, ainsi que le degré de capacité qu'ils supposent, est très-supérieur à celui que réclament la plupart des professions mécaniques. Dans celles-ci, en effet, l'extrême subdivision du travail réduit les opérations de l'ouvrier à un petit nombre d'actes de la plus grande simplicité. « Je plains l'homme, dit spirituellement M. Storch, dont la vie entière est employée à faire la dix-huitième partie d'une épingle. » Or, dans un grand nombre de fabrications, le partage de l'ouvrier n'est guère plus digne d'envie. Mais le domestique trouve dans ses fonctions un champ beaucoup plus vaste, ouvert à son activité. On doit même remarquer que sa profession est peut-être la seule qui, par elle-même, offre un égal exercice à nos trois ordres de facultés, qui favorise simultanément le développement moral, intellectuel et physique de l'individu. Environné des richesses dont la jouissance est réservée à d'autres, presque toujours dépositaire des secrets d'une famille dont les intérêts lui sont étrangers, il faut au domestique beaucoup de dévouement pour rester probe et fidèle. Il lui faut de l'ordre et de la sagacité, il lui faut de la vigueur et de l'adresse pour les petites combinaisons dont le soin lui est confié.

Il est vrai que le service personnel du maître forme une partie assez considérable des fonctions du domestique, et notre siècle attache à ce service une idée d'avilissement. Mais le service de la personne, précisément parce qu'il établit un contact plus intime entre celui qui le reçoit et celui qui l'accomplit, est indifféremment ou le plus honorable ou le plus dégradant de tous, selon que la personne à laquelle il s'adresse nous est ou chère ou importune. C'est par le service personnel que s'exprime de la manière la plus énergique la tendresse des pères, ou l'amour respectueux des fils. Et cependant ces soins que nous prodiguons à des êtres chéris, rendus à un étranger ou à un ennemi, nous deviendraient déplaisans ou odieux. Lorsque le favori de Jacques Ier, le duc de Buckingham, fit usage à Londres pour la première fois d'une chaise à porteur, il faillit devenir victime de l'indignation du peuple, qui lui reprochait d'employer ses semblables en guise de bêtes de somme. Et cependant, ce même peuple, lorsqu'un mouvement d'enthousiasme vient à l'animer, court s'atteler à la voiture du premier démagogue qui a su captiver sa faveur. C'est ainsi que le service de la personne, discrédité aux époques critiques, lorsqu'il n'y a plus ni amour ni union entre l'inférieur et le supérieur, est, au contraire, envié et recherché aux époques organiques, lorsqu'un sentiment sympathique domine dans la société. Loin donc que l'obligation d'un service attaché aux fonctions du domestique puisse servir à expliquer la défaveur dont sa profession est l'objet, c'est à cette défaveur elle-même, et aux inimitiés qui en résultent, qu'il faut attribuer la déconsidération dont le service de la personne est aujourd'hui frappé.

Mais, enfin, cette disgrâce, cet anathème social qui pèse sur le domestique, qui le ravale et l'humilie dans ses rapports avec ses semblables, qui crée pour lui des rigueurs que tout autre classe ne connaît point, d'où vient-il, et comment l'expliquer?

Mon ami, le secret de cet étrange mystère n'appartient pas au présent; il l'ignore, et nous le lui demandons en vain. Le passé seul le connaît, et c'est à lui de nous le révéler. Veuille jeter avec moi un coup d'œil rapide sur les âges précédens de notre espèce, et tu verras que la position sociale du domestique, qui d'abord présente à l'observateur une anomalie bizarre et capricieuse, n'est que la dernière manifestation d'un ordre de choses, qui, après avoir dominé le monde, dispute encore dans ce dernier refuge un empire prêt à lui échapper. En un mot, le domestique parmi nous est encore serf à moitié; il l'ignore, et nous l'ignorons nous-mêmes; mais rien n'est plus certain, et il importe de nous en bien convaincre, afin de comprendre et la cause du mal, et le remède qu'il y faut apporter.

La servitude a été le commun berceau de toutes les professions industrielles. C'est sous l'empire de la force brutale du guerrier, et pour satisfaire aux exigences de son luxe avide, que l'humanité a dû faire l'apprentissage du travail. La famille du maître fut la seule patrie de l'esclave; le maître fut son seul souverain; par cet intermédiaire, il était amené à la communauté sociale, mais il n'y était point incorporé. La loi le considérait comme une *chose*, non pas comme une *personne*.

Cependant, avec le cours du tems, la classe des citoyens pauvres et celle des affranchis, rassemblés dans les villes, fut obligée, par le besoin de vivre, de se livrer à la pratique des travaux industriels, et en présence du travail domestique, le travail libre s'organisa. Les bouleversemens politiques qui précédèrent l'établissement de l'empire romain, contribuèrent beaucoup à l'accroissement de cette classe; c'est alors qu'on voyait les rois détrônés devenir greffiers à Rome, ou maîtres d'école à Corinthe. Cependant cette jeune classe de travailleurs libres se trouvait en dehors de toutes les combinaisons de l'ordre social antique. Il lui fallait un culte, une morale, une législation appropriée à sa nature nouvelle; pour elle, par elle, le christianisme naquit et se propagea. Sous la direction des évêques chrétiens, une nouvelle société, la société bourgeoise, se constitua dans les villes en opposition avec la société militaire; pour la vaincre, sans parler des avantages moraux, elle eut la supériorité du travail libre sur le travail esclave. Elle ruina ses adversaires avant de les abattre; elle fabriqua mieux et à meilleur marché que leurs serfs; et les guerriers renoncèrent aux produits de l'industrie domestique, pour ceux de l'industrie libre; ils vendirent l'affranchissement aux serfs pour payer le travail des bourgeois. Dès lors, on vit sans cesse de nouvelles industries déserter le foyer du maître, pour venir prendre place dans la communauté industrielle. Le nombre des travailleurs et des travaux domestiques diminue, et en même tems de nouvelles corporations d'arts et métiers viennent s'ajouter aux anciennes; et veuille observer, mon ami, que ce mouvement de translation, continué jusqu'à nos jours, n'est pas encore terminé. Ne vois-tu pas des branches nombreuses d'industrie qui flottent encore, pour ainsi dire, suspendues entre *la ville* et *la maison*, et n'ap-

partiennent plus entièrement à l'un sans appartenir complètement à l'autre. Tels sont, par exemple, dans les grandes cités,
le blanchissage, la lingerie, la fourniture des chevaux et des
équipages, et tant d'autres qu'il serait trop long d'énumérer.
Même cette vieille commensale du logis, la cuisine, est me-
nacée d'être expulsée de son antique séjour. Et sans vouloir
affirmer ici que telle doit être un jour sa destinée (car le
problème est plus important qu'il ne le paraît d'abord), toujours est-il certain que déjà beaucoup de ses fonctions ont
été envahies par l'industrie en grand, cette infatigable usur-
patrice. C'est ainsi que nous devons arriver à un terme où
le foyer du maître, qui d'abord contenait toutes les industries,
ne doit plus en renfermer aucune; et où le nom de *domestique*, qui d'abord s'appliquait à tous les travailleurs indis-
tinctement, doit finir par être entièrement hors d'usage,
parce que les travaux mêmes qui doivent nécessairement
s'exécuter dans la maison, comme ceux pour l'entretien
du mobilier, etc., et autres pareils, le seront par de véritables industriels, dont *le domicile* pourra être, sans doute, plus
ou moins rapproché, selon qu'il y aura pour eux plus ou
moins de convenance à le faire, mais qui auront leur propre
domicile, enfin, et qui à ce titre ne seront plus les *domestiques*
de celui qui les emploiera.

Cependant, mon ami, à mesure que s'effectuait cette grande
évolution de l'industrie abandonnant l'enceinte de la famille
pour aller prendre une position dominante au centre de la
société, la situation morale des travailleurs ne changeait pas
moins que leur situation matérielle. Éloignés de l'antique
théâtre de leur abjection, ils ne tardèrent pas à relever la tête,
à rendre à leurs anciens dominateurs dédain pour dédain, et
outrage pour outrage. Secondés par les rois, par les assem-
blées nationales, par les corps de magistratures, ils résis-
tèrent avec avantage aux prétentions de leurs adversaires, jusqu'à ce qu'en France, à l'époque de la révolution, ils les
forcèrent de se confondre et de fraterniser avec eux.

Mais tandis que, *en ville*, les travailleurs accomplissaient leur
émancipation, *dans la maison*, l'ancien ordre de choses se
maintenait à peu près tel qu'autrefois. Le domestique était
toujours un serf, n'appartenant à aucune corporation, ne rele-
vant que de son maître, et celui-ci continuait à le traiter
comme il avait coutume de traiter les *domestiques*, c'est-à-
dire, comme il avait autrefois traité tous les travailleurs.
L'adoucissement graduel des mœurs était insuffisant pour
détruire des habitudes enracinées. Nos anciennes comédies
nous montrent à quelles avanies, il y a peu d'années encore,
le domestique était exposé! Il n'avait plus à redouter, il est
vrai, ni le glaive ni le cachot; mais l'outrage, mais le bâton

devenaient encore trop souvent contre lui les instrumens de la justice ou de la violence du maître : mais qu'est-il besoin de parler du passé ? La servitude du domestique n'est-elle point encore écrite en caractères visibles dans notre législation ? ne lui est-il point défendu de porter dans l'exercice de ses fonctions les insignes de la récompense civique qu'il a pu mériter. N'est-il pas exclu des rangs de la garde nationale ? son nom n'est-il point repoussé des listes du jury et des colléges électoraux ? et nos mœurs aussi ne consacrent-elles point ce caractère de servitude ? le domestique n'est-il point presque toujours privé des douceurs du foyer de famille ? ne vit-il pas presque toujours éloigné de sa femme et de ses enfans ? ne l'habillons-nous pas de nos couleurs ? ne doit-il pas se revêtir de deuil lorsque nous pleurons un proche ? s'orner de banderolles lorsque nous célébrons un hyménée ? être purement passif, il doit sympathiser à toutes les émotions de ses maîtres ; mais ceux-ci se dégraderaient en sympathisant aux siennes. Enfin, ne renonce-t-il pas, lorsqu'il entre au service, à l'usage de son nom de famille ? et n'y a-t-il pas même des maisons où il est obligé de se revêtir d'un *sobriquet* ?

Oui, mon ami, l'antre du cyclope, antique repaire de servitude, *la famille constituée héréditairement*, est encore debout au milieu de nous ; et c'est parce que le domestique vit sous son ombre, que la disgrâce, l'anathème social pèsent sur sa tête. Ces expressions, dont je me servais métaphoriquement tout-à-l'heure, sont vraies au pied de la lettre. Oui, le domestique est bien parmi nous le dernier représentant de ces anciens excommuniés, de ces anciens profanes, qui étaient exclus du commun des hommes libres, dont le contact souillait, dont le souffle était impur. Si nous éprouvons une si invincible répugnance à sympathiser, à fraterniser avec lui, c'est que sans nous en rendre compte nous ne voyons en lui qu'un homme imparfait, un être dégradé, ayant aliéné la plénitude de sa liberté, de son intelligence et de son activité ; cette répugnance, quoique à un degré bien moindre, sans doute, est encore cet effroyable sentiment exprimé par Aristote, lorsqu'il dit : « Qu'on ne peut éprouver d'affection pour un esclave, parce qu'un esclave est un outil animé, comme un outil est un esclave inanimé. »

Si le domestique est encore condamné parmi nous aux ignominies de la servitude, nul doute qu'il ne doive aussi en avoir les vices. La haine de l'esclave pour son maître, son dégoût pour ses devoirs sont aussi vieux que l'esclavage et ne s'éteindront qu'avec lui. « Voilà les esclaves, disait le bon Eumée à Ulysse ; dès que leurs maîtres sont absens, ou faibles, et sans autorité, ils négligent leurs devoirs. Le jour de l'esclavage (ainsi l'a permis Jupiter, dont le tonnerre roule dans l'étendue des cieux), le jour de l'esclavage dépouille un mortel de la moitié de sa vertu. »

Et de quel droit irions-nous demander au domestique de l'amour, du zèle et de la vertu? Victime d'une réprobation qu'il ne peut s'expliquer, et que ne s'expliquent pas mieux ceux qui la lui font sentir; condamné à rougir de sa condition; étranger aux douceurs du foyer domestique, et à ce respect de soi-même, apanage du chef de famille; enchaîné tout le jour aux compagnons que le hasard lui a donnés, gens souvent corrompus, et qui se corrompent par leur association même; ayant sans cesse sous les yeux un monde qu'il ne comprend pas, dont il envie les plaisirs, sans en connaître les peines; dont il étudie les vices, sans en connaître les vertus; pauvre, et environné de richesses qu'il pourrait si aisément s'approprier; tourmenté par le sentiment de l'ignominie, de l'envie, de la cupidité; comment ne serait-il pas l'ennemi de son maître? comment ne saisirait-il pas les occasions qui se présentent à lui de l'exploiter à son tour, comme il en est exploité? Et si une fois il a contracté des habitudes de fraude et de perfidie, comment sera-t-il vertueux envers ses égaux, après avoir désappris à l'être envers ses supérieurs?

Ajoutez encore que par suite de la défaveur attachée à la profession, tout ce qui se sent capable de mieux faire s'en éloigne, et elle n'est plus peuplée que de ceux que le manque de capacité à empêchés de s'élever plus haut, ou que les vicissitudes du sort ont fait retomber jusque là.

Telles sont, mon ami, les conséquences bien funestes qui résultent de la position tout-à-fait exceptionnelle dans laquelle la profession du domestique se trouve encore parmi nous. Vivant sous un régime de servitude, lorque toutes les autres professions en sont affranchies, il n'est point étonnant qu'elle soit affligée de difformités dont celles-là sont exemptes. Mais pour les faire cesser, il n'y a qu'un moyen; c'est de mettre fin au régime même qui les cause, c'est de placer le domestique dans les mêmes conditions que les autres travailleurs.

Que le législateur donne l'exemple. Que ces exceptions légales, qui pèsent sur le domestique, et qui n'ont peut-être, même, dans l'esprit du législateur, d'autre fondement qu'une aveugle tradition du passé, disparaissent de nos codes.

Mais c'est des maîtres eux-mêmes que doit partir la réforme la plus importante, et ici, mon ami, c'est à toi-même que je dois m'adresser.

Si tu veux trouver dans tes domestiques les vertus des hommes libres, commence par leur en donner les droits et les jouissances; débarrasse-les de cette livrée, signe parlant

de leur dégradation ; que la cuisine et l'antichambre cessent
d'être leur commun asile; que chacun d'eux acquière son chez
soi, puisse cultiver ses dieux pénates ; loin de les renvoyer
lorsqu'ils se marient, exhorte-les à le faire, dès qu'ils sont
capables d'assurer le bonheur d'une femme. Enfin qu'ils aient
comme toutes les autres classes des travailleurs, leurs heures,
leurs jours de repos, qui seront à eux en toute propriété, et
sur lesquels la volonté du maître n'osera jamais empiéter.
Lorsque tu ne pourras plus considérer ton domestique
comme une machine que le premier coup de sonnette doit
faire mouvoir instantanément à toute heure du jour ou de la
nuit, lorsqu'il ne sera plus condamné à se repaître, dans la
cuisine, des rebuts de la table, mais que tu verras en lui un
chef de ménage, occupé à pourvoir aux besoins de sa famille,
et se récréant chaque jour au milieu d'elle, à ses repas, des
soins qu'elle lui à coûtés ; bientôt, mon ami, j'en suis con-
vaincu, un changement complet s'opérera dans nos rapports
mutuels.

Peut être, diras-tu, je m'exagère l'importance de ces amé-
liorations dans la manière d'être du domestique; mais je puis
invoquer l'expérience même pour en constater l'efficacité ;
déjà pour certains domestiques ce changement a eu lieu. Le
jardinier, le portier sont sortis de la domesticité, propre-
ment dite ; l'un et l'autre vivent dans leur propre famille,
peuvent sacrifier aux dieux lares... Combien cette circonstance ne les a-t-elle pas fait gagner en considération. Un
portier n'est-il pas, aujourd'hui, un personnage d'importance, un petit magistrat dans la maison dont la garde lui
est confiée.

Telles sont, mon ami, les mesures qui me paraissent pouvoir et devoir être immédiatement adoptées, pour mettre
fin aux désordres les plus graves que présente la profession
du domestique; par là, cette classe se trouvera ramenée à peu
près au même niveau que toutes les autres classes de travailleurs. L'indifférence, la jalousie, même à l'égard du maître,
subsisteront toujours ; mais la méchanceté haineuse aura dis-
paru ; la morale sera toujours chancelante et relâchée ; mais
l'excès de la corruption aura été détruit. Sans doute, ces dernières traces du mal devront elles-même disparaître à leur
tour ; mais pour arriver à ce résultat, ce n'est plus sur une
classe seulement, c'est sur la société qu'il faut agir ; ce sont
les rapports généraux des inférieurs avec les supérieurs qu'il
faut modifier; c'est, à bien dire, le plus haut des problèmes
sociaux qu'il s'agit de résoudre. Quelque autre jour, mon ami,
je me réserve d'en causer avec toi.   G.....

Pillet aîné, imprimeur du Roi, rue des Grands-Augustins, n° 7.

DES SENTIMENS DE FAMILLE ET D'AMITIÉ.

—

Il est un reproche que les disciples de Saint-Simon s'entendent souvent adresser, et ce reproche part de personnes qui leur sont trop chères, les affecte trop péniblement pour qu'ils ne doivent pas s'efforcer d'y répondre, et d'en faire sentir l'injustice.

On se plaint que nous négligeons, pour les devoirs *de notre foi nouvelle*, ceux que nous avons à remplir envers *nos proches et nos amis*. On nous accuse de *froideur*, *d'indifférence;* on affirme que notre cœur *se dessèche dans les abstractions.*

Etrange destinée que la nôtre ! Nous qui sommes tout *enthousiasme*, tout *dévouement*, c'est nous qu'on accuse de *froideur !* Nous qui embrassons dans nos sympathies *l'humanité, l'univers tout entier*, c'est à nous qu'on reproche de vivre dans *les abstractions !* Il y a là un malentendu qu'il est nécessaire d'éclaircir.

Ce n'est guère *par dévouement* que pèchent la plupart des hommes qui dans notre siècle se montrent infidèles aux devoirs de la famille et de l'amitié ; c'est bien plutôt par un sentiment contraire, par *égoïsme;* c'est à eux-mêmes et non point à Dieu et à la société, qu'ils sacrifient ces devoirs réputés aujourd'hui les plus saints de tous ; c'est donc contre *l'égoïsme*, que sont habituellement lancés les anathèmes des prêtres *de la famille* et *de l'amitié*. Ils fulminent, et avec grande raison, contre un sentiment qui tend à ramener l'homme à l'individualisme pur, c'est-à-dire, à l'état de barbarie, d'où les sympathies sociales l'ont fait sortir. Mais nous, qui prêchons le *dévouement* et combattons *l'égoïsme*, nous qui ne voulons nous soustraire à l'empire exclusif des affections de famille qu'afin de donner place en nos cœurs aux affections sociales les plus larges, aux sympathies religieuses les plus élevées, par quelle déplorable méprise sommes-nous aussi l'objet de ces anathêmes ; pourquoi avons-nous à repousser des traits qui ont été forgés contre un ennemi qui est aussi le nôtre ?

A une époque *de crise* comme celle où nous vivons, lorsque les liens qui unissaient l'homme à la société la plus générale, sont momentanément rompus, il est certain que les relations de *famille* et *d'amitié* (le mot *d'hospitalité* conviendrait ici beaucoup mieux), reprennent une partie de l'importance qu'elles eurent primitivement, mais qui a été sans cesse en diminuant, à mesure que l'humanité s'est élevée à des formes d'organisation sociale de plus en plus larges. Après avoir successivement descendu les divers degrés auxquels nous avait élevés le mouvement ascensif du progrès social ; après avoir cessé de vivre pour la *catholicité* et pour la *nation*, après avoir rétrogradé enfin jusqu'à la plus arriérée de toutes les communautés, celle de la *famille* et de *l'hospitalité*, on s'arrête avec effroi à ce dernier échelon qui reste seul entre l'homme et les abîmes sans fond de l'égoïsme ; on aime à se rassurer en se représentant, en s'exagérant l'importance et la douceur de ce dernier de tous les liens sociaux. Il est vrai que l'homme précédemment associé par le catholicisme aux joies, aux pensées, au mouvement de la famille *universelle*, ne peut aujourd'hui se rapetisser au point de trouver le bonheur dans la vie étroite et monotone de la famille *domestique* ; il est vrai qu'en l'absence d'un lien religieux, qui rattache chaque famille particulière à la famille générale, qui règle et sanctifie l'existence de l'homme dans l'une comme dans l'autre, le foyer domestique doit être, et est en effet le plus souvent, un théâtre d'ennuis, de dégoût, et même de désespoir et de larmes ; mais on n'ose s'avouer ces désolantes vérités ; on croit devoir envelopper des mystères d'une sainte obscurité, cet unique asile où l'homme puisse, loin de ses semblables, donner un libre cours à ses douleurs, et les cacher à leurs yeux sous les apparences d'un bonheur dont leur jalouse curiosité ne peut percer le secret. Salutaire dissimulation! car si, dans une époque comme la nôtre, l'intérieur des familles était à jour, comme le reste de la société, la dernière des illusions de bonheur qui reste à l'homme, venant à s'évanouir, produirait dans son cœur un vide qui l'anéantirait! Il faut donc s'étourdir, s'aveugler de son mieux; et en présence des faits qui prouvent le plus évidemment le contraire, il faut répéter sans cesse que le bonheur ne peut se trouver *qu'au sein de la famille et de l'amitié;* que nos premiers devoirs sont envers notre *famille* et *nos amis.* Et en effet, ce langage est le plus moral qu'on puisse tenir à une époque *critique,* puisque, seul, il peut nous préserver du règne absolu de l'égoïsme.

Mais si les sympathies de *famille* et d'*amitié* sont, aux époques *critiques,* c'est-à-dire aux époques de dissolution sociale, le terme le plus élevé que puisse se proposer l'esprit de dévouement, le contraire est précisément ce qui est vrai pour les époques *organiques,* c'est-à-dire pour les époques durant lesquelles l'humanité s'élève à un nouveau degré d'association. N'est-il pas évident, en effet, que la première condition d'un pareil progrès est que les sympathies primitives de l'humanité soient subalternisées en faveur de celles plus larges qui se forment alors; que *la famille selon la naissance,* et l'*amitié selon la famille* soient plus ou moins sacrifiées à la *famille* et à l'*amitié selon la société,* c'est-à-dire à un cercle d'individus, supérieurs, égaux, inférieurs, avec lesquels nous sommes en contact perpétuel pour l'accomplissement de nos devoirs sociaux. Je pourrais citer, à l'appui de cette vérité, toutes les sociétés militaires du passé, et demander si, pour un Romain, pour un guerrier du moyen-âge, la *patrie* n'était pas plus que la *famille,* le *père* et les *frères d'armes* plus que le *père* et les *frères selon la naissance.* Mais on contestera peut-être l'autorité ces exemples; on attribuera ce dévouement, qui aujourd'hui nous paraît presque incroyable, à l'influence de mœurs encore farouches. Eh bien ! j'invoquerai une autorité qui ne donnera pas lieu sans doute à un pareil scrupule.... L'être divin, qui est venu fonder sur la terre le règne de l'amour et de la paix, Jésus-Christ, n'a-t-il pas su qu'avec *l'esprit de famille selon la naissance*, il ne pouvait y avoir d'*esprit de famille selon le christianisme*; n'a-t-il pas combattu à outrance cette vertu du passé, devenue un des vices de l'avenir? n'a-t-il pas cherché à l'extirper jusqu'à la racine?

Il est même remarquable que tel ait été l'objet de la première leçon qu'il ait donnée aux hommes. Car l'Evangile nous raconte qu'à l'âge de douze ans, ayant accompagné son père et sa mère à Jérusalem, il les quitta pour aller converser dans le temple avec les docteurs de la loi. Lors donc que son père et sa mère le virent, ils furent fort étonnés, et sa mère lui dit : « Mon fils, comment en avez-vous usé ainsi avec nous? Nous vous cherchions, votre père et moi, et nous étions en peine de vous. — Pourquoi, leur dit l'enfant, me cherchiez-vous? Ne savez-vous pas qu'il fallait que je fusse occupé aux choses qui regardent le service de mon père (1)? » Mais, ajoute l'Evangile, *ils ne comprirent pas ce qu'il leur disait ;* et, parmi les hommes de notre tems, combien y en a-t-il qui le comprennent mieux? Plus tard, pendant les années de sa prédication, que de fois Jésus-Christ n'a-t-il pas reproduit la même doctrine? Lorsqu'on vient l'avertir que sa mère et ses frères demandent à lui parler, il répond à celui qui est venu l'avertir : « Qui est ma mère et qui sont mes frères? » et étendant la main sur ses disciples : « Ce sont là, dit-il, ma mère et mes frères. Car, quiconque fait la volonté de mon père qui est dans le ciel, celui-là est mon frère, ma sœur et ma mère (2). » Et lorqu'un disciple, avant de le suivre, lui demande la permission d'aller enseve-

---

(1) S. Luc. III. 43 et suiv.
(2) S. Math. XII. 47. ect.

lir son père, Jésus lui répond : « Laissez aux morts le soin d'ensevelir leurs morts, et vous, allez annoncer le royaume de Dieu (1) ». Enfin, n'a-t-il pas prononcé cet arrêt si formel : «Celui qui aime son père et sa mère plus que moi, n'est pas digne de moi, et celui qui aime son fils ou sa fille plus que moi, n'est pas digne de moi. » Et même, un des évangélistes nous a transmis cet arrêt du Sauveur, exprimé en termes bien plus énergiques encore, tellement que je craindrais, si je les transcrivais ici, que leur sainte exagération n'effrayât la foi trop débile des hommes de mon tems (2).

O vous, qui vous dites et vous croyez chrétiens, et qui souvent venez, au nom de Dieu, nous reprocher de sacrifier à d'autres devoirs ceux de l'amitié et de la famille, lisez, et dites si l'Evangile est pour nous ou contre nous; lisez; méditez profondément les paroles que je viens de rapporter. Cherchez à vous expliquer comment celui-là même, qui fit descendre l'amour du ciel sur la terre, a pu donner aux hommes un précepte qui choque si directement les sympathies les plus vives, les plus pures, les seules peut-être que vous connaissiez aujourd'hui. Demandez-vous si c'est Dieu qui n'a pas compris l'homme, ou si c'est l'homme qui n'a pas compris Dieu; et, si cette dernière hypothèse vous paraît la plus probable, alors continuez cet examen; voyez si votre erreur ne vient pas peut-être de ce que vous ne considérez que comme *une métaphore*, cette *fraternité universelle*, dont Dieu a prétendu faire *une réalité*. Car, si telle est en effet la volonté de Dieu, si nous devons un jour sentir, pour tous les hommes, ce que nous sentons aujourd'hui pour nos proches seulement, ne faut-il pas, comme condition première, que les affections de la *famille selon la naissance* et de

(1) S. Luc. IX. 59.

(2) S. Luc. XIV. 26.

l'*amitié selon la famille* soient complètement subalternisées? Et en effet, les droits du sang et ceux de l'amitié n'ont-ils pas pour résultat de nous imposer, envers ceux à qui ils nous lient, des obligations indépendantes de leur mérite envers la société? N'agissent-ils pas, par conséquent, en sens contraire la de volonté divine? Ne rendent-ils pas l'*association universelle* matériellement impossible, en créant pour chaque individu des affections et des devoirs particuliers en opposition à ses affections et à ses devoirs envers la communauté.

O que l'Evangile nous donne un exemple vrai des sentimens qu'inspire l'esprit de famille, lorsqu'il nous peint la mère des fils de Zébédée venant demander à Jésus-Christ, que ses deux fils soient assis, dans le royaume du ciel, l'un à sa droite, l'autre à sa gauche. Mais Jésus lui répond: « Ce n'est pas à moi à vous donner cela; c'est pour ceux à qui mon père l'a destiné; que celui d'entre vous qui voudra être le plus grand soit le serviteur de tous les autres (1) ».

En effet, ce n'est que par l'adoption du dogme *de la récompense selon les œuvres*, que l'*association universelle* peut être réalisée; et les *droits du sang* sont en contradiction manifeste avec ce dogme.

La Bible, cet auguste dépôt des révélations divines, dont les naïfs récits offrent un sens d'autant plus vaste et plus sublime, qu'on les étudie plus attentivement; la Bible, qui, dès ses premières pages, annonce l'avènement de la *famille universelle*, nous apprend aussi, dans un célèbre symbole, à quelle condition cette grande prophétie doit se réaliser. Lorsque Dieu promet à la *famille domestique*, à la *société patriarcale*, en la personne d'Abraham, de la faire passer à l'état de *famille humaine*, d'*association universelle*, l'épreuve qu'il lui impose est le sacrifice de l'héritier de la famille «. Je le jure par moi-

---

(1) Saint-Mathieu, XX, 20.

même, dit-il à Abraham, *parce que tu as fait cela, et que tu n'as
pas épargné ton fils unique pour moi*; je te bénirai, je multiplie-
rai ta race comme les étoiles du ciel, et comme les sables
de la mer. *Toutes les nations seront bénies en ta race, parce que
tu as obéi à ma voix*. (1). » Que le père sacrifie donc son fils
avec joie, c'est-à-dire qu'il le consacre non point à son propre service, mais à celui de Dieu et des hommes; et qu'il
n'oublie pas que ce sacrifice n'est qu'une apparente rigueur;
qu'il tourne à la fin au salut du fils comme au salut du père;
que le père, pour un fils qu'il a offert à Dieu, en obtient des
milliers d'autres; que le fils abandonné à la Providence divine, c'est-à-dire dans l'ordre Saint-Simonien, à la Providence sociale, se développe et se fortifie, bien plus grand
qu'il n'eût pu le devenir s'il fût resté dans les liens de la famille, sous l'empire d'une sévérité ou d'une tendresse également
ment excessives dans leurs écarts; loin des rayons du soleil
social, dont la bienfaisante chaleur peut seule amener l'homme
à sa maturité.

Et maintenant ne nous accusez plus de *froideur* et d'*indifférence*; ne nous reprochez plus de nous dessécher dans les *abstractions*; comprenez que la chaleur du sentiment, lorsqu'elle
est véritablement *sainte*, véritablement *conforme aux voies de
Dieu*, conduit à quelque chose de plus haut que le dévouement
de *famille domestique* et d'*hospitalité*. *L'humanité tout entière doit
être notre famille*; cela est vrai au pied de la lettre, et non pas
seulement au figuré... Celui qui ne s'est pas élevé jusqu'au
sentiment de fraternité universelle, celui-là, aux yeux de Dieu,
est véritablement *froid*; celui-là reste dans l'*abstraction*.

Toutefois, en proclamant la nécessité de l'amour *universel*,
pour sanctifier le cœur de l'homme, ne pensez pas que nous
venions proscrire les affections *individuelles*. Loin de nous une

---

(1) Genèse, XXII, 16.

pareille méprise. Sans doute, *hors de l'amour universel*, les affections individuelles manquent de la seule base qui puisse les
rendre vraiment *douces*, vraiment *saintes*. Deux êtres qui
n'embrassent pas l'infini tout entier dans les mêmes sympathies, ne peuvent s'aimer aussi parfaitement qu'ils le vou-
draient l'un et l'autre; car leurs sentimens se heurteront sans
cesse; leur affection mutuelle sera soumise à de constantes
vicissitudes. Cette affection d'ailleurs, si elle n'est pas domi-
née par le sentiment religieux le plus élevé, devra, en mille
circonstances, les pousser à agir d'une manière contraire à
leurs devoirs envers Dieu et l'humanité. Mais, d'un autre
côté, *sans affections individuelles*, l'amour universel ne serait
plus qu'un sentiment vague, stérile, dépouillé d'énergie comme
de charmes; il ne devient, pour l'homme, une source de
jouissances et de vertus, qu'en se réalisant, se *personnifiant*
dans l'amour que nous portons à ceux qui sympathisent le
mieux avec notre dévouement religieux. En un mot, comme
nous l'avons déjà dit, les sentimens *de la famille selon la naissance*, et *de l'amitié selon la famille*, doivent être subalterni-
sés ; mais ils doivent l'être au profit des sentimens *de la famille et de l'amitié selon la société.*

Voyez ce Christ, voyez ces apôtres, dont le cœur brûlait
d'une charité si ardente pour Dieu et l'humanité; mais, en
même tems, que leurs affections personnelles étaient vives et
touchantes! Quel amour paternel égala jamais celui du maître pour les disciples; quel amour filial celui des disciples
pour le maître? Et lorsque le Bien-Aimé s'inclinait sur le
sein de Jésus, lorsque sa tête, belle d'une sainte mélancolie,
gonflée par l'inspiration divine, rayonnante des grandeurs
futures de l'humanité, s'approchait amoureusement de la
tête du divin époux, quelle amitié fit jamais naître des émotions aussi ravissantes, d'aussi sublimes épanchemens?

Plus tard, lorsque la doctrine chrétienne eut enfanté
monde catholique, quelle *fraternité* fut plus tendre, plus pas-

sionnée que celle de ces chevaliers, qu'un même enthousiasme pieux réunissait sous une même bannière? et l'amour d'un chrétien pour son *Père* approcha-t-il jamais de celui qui l'animait pour son *Pape* et son *Roi?*

Et nous, grand Dieu! nous tes fils par Saint-Simon, qui les premiers par lui avons complètement *compris* la loi de *fraternité universelle* que tu as donnée au monde, puisque les premiers nous voulons et savons la *réaliser;* nous aussi les premiers nous comprenons et nous pratiquerons la *paternité* et la *fraternité individuelle*, comme tu as voulu qu'elles fussent comprises et pratiquées. Et qui mérite mieux notre amour filial que ceux qui nous ont donné et nous donnent tous les jours la vie Saint-Simonienne, qui nous ont appelés à la gloire de coopérer à la *réalisation de la famille universelle?* Qui mérite mieux notre amour fraternel que ceux qui, fils des mêmes pères, confondent leurs efforts avec les nôtres pour atteindre le même but divin? Qui mérite mieux enfin notre amour paternel que ceux à qui nous avons transmis à notre tour la nouvelle vie que nous avons reçue, et qui, sans cesse auprès de nous, aidés de notre affection, travaillent par notre secours à devenir meilleurs que nousmêmes? Oui, en présence de la sanction divine, manifestée d'une manière si éclatante, et par les livres saints, et par le développement même des sympathies progressives de l'humanité, nous nous faisons gloire de le confesser, c'est dans sa famille sociale, que l'homme, à l'avenir, placera ses plus vives affections de père, de frère, de fils, parce que là seront véritablement ceux dont il recevra, avec lesquels il partagera, auxquels il donnera journellement la vie; parce que là seront les êtres qu'en aimant Dieu il aimera le plus, et qu'il devra le plus aimer, pour aimer Dieu.

Mais que cette déclaration, que nous n'hésitons point à faire, puisqu'elle est l'expression d'une volonté divine hautement manifestée, n'alarme point les êtres chéris, qui, depuis long-tems, sont en possession de notre tendresse. Qu'ils ne craignent point que notre cœur se retrécisse pour eux. Malheur à nous s'il en était ainsi; si nous pouvions tellement commander à nos affections, que celles de la veille ne fussent plus celles du lendemain! Non, la doctrine de Saint-Simon n'a fait qu'élargir notre cœur. A côté de nos anciennes affections elle en a mis de nouvelles, de plus élevées; mais celles-là subsistent toujours. Seulement, elles doivent prendre un nouveau caractère. Et m'adressant d'abord à nos anciens amis, je leur dirai que ce n'est plus seulement par de petites obligeances, par d'ingénieuses attentions, que notre attachement pour eux doit se manifester, mais par un prosélytisme affectueux et ardent. Combien de généreuses sympathies, de grandes pensées, de bonnes actions, dont le germe est en eux et ne peut se développer, flétri qu'il est par l'influence du souffle glacé de la critique? C'est à nous de faire luire sur cette terre desséchée les rayons de la parole divine; c'est à nous de leur révéler tout ce qu'ils peuvent être pour eux-mêmes, pour l'humanité, pour Dieu. Que nos amis *comprennent les signes de leur tems*, comme Jésus le disait aux Juifs; qu'ils aient horreur du désordre et de l'anarchie actuelle; qu'ils rejettent loin de leurs yeux le prisme trompeur, l'illusion sophistique, qui leur fait voir peut-être le dernier terme de la perfection dans un état social où domine la discorde et la haine; qu'ils voient dans cette *crise* une transition douloureuse, mais salutaire à la réalisation de la *fraternité universelle;* et qu'une foi forte et sereine les initie par avance aux joies de cette nouvelle ère de l'humanité; qu'à notre voix ils accourent au sein de la nouvelle famille où elle a déjà commencé; qu'ils viennent nous y aimer davantage, y être davantage aimés de nous; qu'ils viennent au milieu d'hommes régénérés, transformés comme ils le seront eux-mêmes par la parole de Dieu, trouver de nouveaux pères, de nouveaux frères, de nouveaux fils.

Et vous, de qui nous tenons une existence pour nous si pleine de charmes depuis qu'une foi nouvelle lui donne un but religieux; pères des nouveaux croyans, cessez d'être jaloux de ces rivaux que saint-Simon vous a suscités dans l'affection de vos fils; bien différens des rivaux que suscite le monde, ceux-là ne vous ont rien ôté; ils ont ajouté, au contraire, à votre partage; c'est par eux, seulement par eux, que vous obtenez de vos fils tout l'amour qui vous est dû... Et quel autre, en effet, qu'un disciple de Saint-Simon, comprend aujourd'hui toute l'énormité de la tâche, que, pour l'élever, son père eut à remplir. Quel autre sent combien est vraiment accablante la situation de ce père, à qui notre société marâtre impose le soin de former, PAR LUI SEUL, un homme POUR L'HUMANITÉ. Tandis que les anciennes institutions créées *par la prévision sociale*, dans le but de *former* et de *classer* les individus, sont tombées de vétusté, et que d'autres meilleures, qui les doivent remplacer, ne sont pas encore debout, c'est *au père seul* que cette fonction, d'une importance et d'une difficulté également immense, est tout entière dévolue. Education morale, éducation intellectuelle, préparation d'un établissement, tout repose sur lui; il doit être à la fois le *prêtre*, le *docteur*, le *patron* de son fils. Ah! si vous voulez rendre aux chefs de nos familles ce rôle qui leur appartint dans la société primitive, ramenez-nous donc aussi aux habitudes de cette société; faites que chaque famille soit pour elle-même le monde tout entier; permettez au père d'élever son fils *pour lui seul*, et non pour *l'humanité*; que ces mots : OBÉIS A TON PÈRE, redeviennent le code entier de la morale; et que pour en assurer l'observation, le glaive étincelle de nouveau dans la main du souverain domestique... Mais, si tout votre sang se glace à l'idée d'une pareille rétrogradation, si un sentiment invincible, que le christianisme a mis en vous, quoique vous en méconnaissiez peut-être l'origine, vous dit que chaque homme doit être élevé pour tous les hommes, que sa loi et son souverain doivent être la loi et le souverain de la grande famille ; alors soulagez donc les pères de nos jours du fardeau dont les accable votre impitoyable incurie. En les supposant même placés dans les circonstances les plus favorables, la mission que vous leur imposez serait au dessus de leurs forces ; mais dans l'état actuel de la société, elle doit être pour eux un véritable supplice. Car cet homme, 'dont vous faites un *prêtre*, soupire vainement lui-même après une croyance qui donne le repos à son ame ; ce *docteur* ne trouve autour de lui que des systèmes d'instruction surannés, ou fantastiques ; ce *patron* est lui-même sans appui, ou bien, si plus heureux que tant d'autres, il peut prêter à son fils une utile assistance, du moins ne peut-il défendre l'avenir qu'il lui a préparé de l'effrayante instabilité des choses de notre tems. Et pour tant de pénibles efforts, pour un si religieux dévouement au bonheur de son fils, quelle récompense un père peut-il légitimement se promettre ? Il a donné à son fils une morale mauvaise, une instruction vaine, une carrière pleine d'écueils... Sont-ce là des titres bien certains pour obtenir son amour ?... Environné d'un monde où domine l'égoïsme, où la loi suprême est de songer exclusivement à son intérêt, sans tenir compte de celui des autres ; c'est en prêchant à son fils les doctrines de la méfiance et de l'égoïsme, que son inquiète sollicitude cherche à le prémunir contre les dangers qui menacent son inexpérience. Eh bien ! ses leçons ne se tourneront-elles pas contre lui-même ; ce fils, instruit par lui à isoler en toute occasion ses intérêts de ceux de ses semblables, ne finira-t-il pas par les séparer de ceux mêmes de son père ; et l'expérience du monde actuel ne confirme-t-elle pas trop bien cette triste appréhension ? Oui, je me plais à le répéter, nous seuls aujourd'hui disciples de Saint-Simon, pouvons dignement aimer nos pères, parce que, grâce aux leçons d'un autre maître qu'eux-mêmes, comprenant l'ordre social dans lequel ils ont vécu, comprenant combien cet ordre social rendait difficile et pénible la mission confiée à leur amour paternel, notre reconnaissance s'étend, non-seulement à ce qu'ils ont fait, mais encore à ce qu'ils auraient voulu faire peur le bonheur de leur fils.

Soyez bénis! leur disons-nous. Que notre dévouement, que nos soins les plus empressés soient la récompense de votre tendresse envers nous. C'est de vous que nous avons dû recevoir d'abord notre morale, notre science, notre carrière; mais à nos yeux, ce n'est là que le moindre des titres que vous possédez à notre amour ! cette morale que nous avons reçue de vous *n'était pas sainte ;* car elle nous prêchait l'amour *de la famille,* et non pas celui *de l'humanité ;* elle nous apprenait à voir des *frères* dans nos proches, mais des *étrangers* dans le reste des hommes. Cette science était *vaine ;* car elle nous laissait dans l'ignorance des destinées de l'homme, et des volontés de Dieu. Cette carrière était *pleine d'amertume ;* car elle nous oblige sans cesse à lutter péniblement contre des rivaux qui s'efforcent d'assurer leur fortune au détriment de la nôtre. Mais il est un autre bienfait dont nous ne pourrons jamais assez vous rendre grâce : c'est de nous avoir appris à sentir les misères de notre siècle, à désirer un monde meilleur. Au moment même où vous nous prêchiez les doctrines de l'intérêt personnel, où vous nous laissiez sans foi religieuse, où vous livriez notre sort aux caprices d'un avenir plein d'incertitude, combien de fois nous vous avons entendu gémir sur les maux causés autour de vous par l'égoïsme, par l'incrédulité, par un esprit de concurrence aventureux et jaloux! Combien vous auriez désiré épargner à vos fils les souffrances que vous-mêmes aviez si cruellement ressenties! Mais vous invoquiez en vain une lumière qui pût vous révéler cet heureux secret.

Pères des disciples de Saint-Simon, cette lumière que vous invoquiez en vain *a lui sur le monde,* et vos fils *l'ont comprise,* et ils aiment à se dire que c'est vous *qui les aviez préparés à la comprendre.* S'ils ont enfin trouvé le bonheur, sous l'abri du temple saint-simonien, ils aiment à se dire que c'est vous qui les aviez conduits jusque sur le seuil; et pour s'acquitter dignement envers vous d'un aussi grand bienfait, ils sentent que tout leur amour est encore insuffisant.

Pères des disciples de Saint-Simon, notre maître est venu racheter les générations futures de ces maux qui affligèrent la vôtre; il est venu sanctifier la morale, vivifier la science, donner au travail force et sécurité. Par lui, la fraternité universelle se réalise, les plans de la Providence sont de nouveau dévoilés aux hommes, d'harmonieuses combinaisons remplacent les luttes de la concurrence, président au développement de l'industrie. Laissez-nous donc, sous ses auspices, préparer un ordre social où l'avenir du fils ne sera plus pour le père un sujet de soucis amères, de cruelles inquiétudes, une source abondante de sentimens hostiles contre ses semblables; où l'homme, enfanté pour la société, sera formé par elle; où elle-même lui servira de *prêtre,* de *docteur* et de *patron.* Mais vous-mêmes ne viendrez-vous jamais joindre vos efforts aux nôtres; resterez-vous toujours étrangers à nos joies? Ah! si jamais nous sommes assez heureux pour vous réconcilier avec la Providence et les hommes; si jamais votre front, trop souvent obscurci par un sombre chagrin, doit enfin s'animer d'amour, de foi et d'espérance, alors croyez-moi, pleins de la vie nouvelle que vous sentirez en vous, si votre cœur trouve encore un reproche à nous adresser, ce ne sera plus de trop aimer les hommes qui nous ont conduits à Saint-Simon, ce sera de ne pas les aimer assez!

Tendres mères! c'est à vous aussi que ces paroles s'adressent. Dans un siècle où souvent le fils coûte à sa mère tant de soupirs et de larmes, un sort plus heureux est assuré aux mères des disciples de Saint-Simon; toujours elles se-

ront entourées de l'amour, du respect, des égards de leur
fils ; toujours leur orgueil maternel pourra se complaire à les
montrer marchant d'un pas ferme dans les voies de l'hon—
neur et de la vertu.

Mais qu'elles ne cherchent point à les retenir dans les liens
étroits de la vie de famille ; la vie de famille ne suffit plus
pour sanctifier l'homme, elle ne suffit plus pour le rendre
heureux ; elle est contraire aux grandes et généreuses sym—
pathies que le christianisme est venu apporter sur la terre.
O femmes ! elle est contraire à votre influence et à votre
gloire !

Dans la société réduite à l'état de famille, l'homme est un
seigneur et la femme une *servante*. Ne voyez-vous pas que no—
tre siècle, à mesure qu'il a plus *exalté l'esprit de famille*, s'est
en même tems de plus en plus efforcé de *ravaler les femmes*,
jusqu'à la seule condition compatible avec cet esprit rétro—
grade ! Faire des enfans, les allaiter, veiller aux soins du mé—
nage, s'occuper de sa toilette et de son instruction autant
qu'il est nécessaire pour plaire à un mari, ces fonctions, d'une
nature purement animale ou servile, ne sont-elles pas les
seules auxquelles la morale de notre siècle prétende borner
leur rôle ? Et lorsque la femme, dont l'admirable génie dé—
pose si bien contre l'injustice des détracteurs de son sexe,
demande au grand homme du siècle quelle est à ses yeux la
femme la plus méritante, n'en reçoit-elle pas cette réponse
d'une sauvage brutalité, mais tout-à-fait conforme à l'*esprit
de famille ?* « Celle qui a fait le plus d'enfans. »

Mères chéries ! rappelez-vous que Jésus, de même qu'il est
venu arracher l'humanité à des sympathies plus élevées que cel—
les de la *famille*, est venu aussi appeler les femmes à des fonc—
tions plus élevées que celles de la *domesticité*. Lorsque Marie,
assise aux pieds du Seigneur, écoutait sa parole, Marthe, qui
s'occupait avec empressement de divers services, vint se pré—
senter devant Jésus, et lui dit : « Seigneur, ne considérez-

vous point que ma sœur me laisse *servir* toute seule ? Dites-lui donc qu'elle me vienne aider. » Le Seigneur lui répondit : « Marthe, Marthe, vous vous inquiétez et vous tourmentez de beaucoup de choses ; mais enfin, il n'y en a qu'une de nécessaire : *Marie a choisi la meilleure part qui ne lui sera point ôtée* (1). »

O femmes! la parole de Dieu s'accomplira. *Non, la meilleure part ne vous sera point ôtée ;* les pensées étroites *de la domesticité* ne seront plus exclusivement les vôtres ; l'inspiration *sociale, religieuse*, habitera votre sein ; la *famille* cessera d'être votre *prison* ; le temple, la société, *deviendront* votre *royaume*.

Dans l'antiquité, les combinaisons sociales les plus générales avaient uniquement pour but le développement de l'activité *militaire*, et, par cette raison même, elles étaient presque exclusivement l'attribution *des hommes*. Les travaux *pacifiques*, les opérations industrielles, étaient renfermés dans l'enceinte *de la société domestique* ; *l'épouse* y présidait ; mais reine d'un peuple esclave, elle était *presque esclave elle-même* ; soumise aussi à l'empire d'un maître, elle participait à la dégradation sociale de ceux qu'elle gouvernait. La *Vierge* seule était *sainte*, parce qu'elle était *libre*. Des vierges furent appelées à des fonctions sociales ; elles entretinrent le feu sacré, elles s'assirent sur le trépied divin.

Le catholicisme, en faisant passer, au moins partiellement, l'activité industrielle du sein de la communauté *domestique* au sein de la communauté *sociale* ; en modifiant par là, d'une manière puissante, la constitution et les habitudes de la *famille* ; en introduisant une tendance pacifique dans les combinaisons autrefois purement militaires des chefs des peuples, rehaussa l'importance sociale des femmes. Les épouses,

____

(1) S. Luc. X. 39.

les amantes 'des guerriers, disposèrent de leur glaive pour préparer le règne de la justice et de la paix.

Aujourd'hui que le travail pacifique, concentré d'abord dans l'enceinte de la *famille*, a envahi par degré l'*ordre social tout entier ;* que le jour est proche où il le dominera complètement, où il donnera son caractère à toutes les combinaisons politiques, et anéantira entièrement ce qui reste encore d'activité militaire; aujourd'hui, la femme doit continuer le rôle qu'elle a primitivement joué; elle doit encore présider avec l'homme aux travaux pacifiques; mais quand ils ont abandonné la *famille*, elle ne doit plus y rester; elle doit se transporter avec eux au sein de la *société*. Que l'*épouse*, délivrée *de la servitude des occupations domestiques*, qui ne consistent plus aujourd'hui qu'en soins minutieux et stériles, entre donc, avec son *époux*, dans les voies diverses que Dieu a ouvertes à l'activité pacifique de l'humanité ; que la religion, la science, l'industrie, s'améliorent sans cesse par son concours; que toute fonction sociale soit attribuée, non plus à *un* individu, mais à un *couple* ; que l'époux et l'épouse puisent, dans leur amour mutuel, une sainte énergie pour l'accomplissementde leur commune mission ; qu'autour d'eux se presse *une famille sociale*, objet de leur amour le plus tendre, de leurs soins les plus vigilans; que par eux, cette famille soit initiée aux mystères de leur fonction ; que par eux elle apprenne à les surpasser, et qu'ils se réjouissent de revivre un jour dans ces successeurs meilleurs qu'eux-mêmes.

Mères chéries, lorsque vos fils, pour aller remplir un religieux devoir, dérobent à leur ancienne famille quelques-uns des instans qu'ils avaient coutume de lui consacrer, que ce ne soit point pour vous un sujet de vous affliger, ni pour eux d'entendre de pénibles reproches! Quand ils s'éloignent de vous, c'est pour aller travailler à cet avenir qui doit, en abolissant les habitudes étroites, insociales, *de la domesticité*, donner la *fraternité* au monde, et l'*affranchissement* aux femmes. Ah! puisque vous n'êtes point encore tombés dans cet excès d'abaissement, qui fait chérir ses chaînes à l'esclave, loin de nous retenir, encouragez nos efforts, ou plutôt, venez vous-mêmes; venez, Dieu vous appelle à concourir avec nous à l'œuvre de votre grandeur future; votre secours, votre inspiration, nous sont nécessaires pour accomplir la tâche dont nous sommes chargés !

Pères, mères, frères, sœurs, amis des disciples de Saint-Simon, cessez de leur adresser ces reproches *de refroidissement* qu'ils ne méritent pas. Laissez vous bien plutôt enflammer du zèle religieux qui brûle en leur cœur; rejetez loin de vous, comme ils ont rejeté loin d'eux, le doute, l'égoïsme, la méfiance. Ouvrez l'oreille à la parole de Dieu; contemplez le grand but vers lequel depuis tant de siècles sa main guide l'humanité; que votre cœur tressaille, à l'idée de l'avènement de *l'Association Universelle*; venez nous aider à l'accomplir; venez par avance en partager les joies avec nous.

Le bonheur ne se trouve point aujourd'hui dans le foyer domestique. L'homme se sent à l'étroit sous ses voûtes pesantes; il le fuit pour aller chercher ce qu'on appelle tantôt les plaisirs, tantôt les ennuis du monde; les distractions du théâtre et celles des salons. Mais au milieu de la foule il se sent encore isolé; rien ne l'unit aux figures humaines qui l'entourent; le froid du monde le repousse vers la famille, comme le froid de la famille l'avait repoussé vers le monde.

Ce n'est que dans le temple que l'homme peut trouver le bonheur, non point lorsque ce temple ne recèle plus que des solennités tristes et machinales des croyances déchues et discréditées; mais lorsqu'une religion pleine d'avenir y rassemble les flots d'un peuple, avide d'entendre la voix de l'homme vraiment divin qui sait faire battre son cœur d'amour et d'espérance; lorsque cette religion, par son inspiration puissante, fait surgir autour d'elle les merveilles des arts, et pour rendre les hommes meilleurs, s'entoure d'une sainte magnificence.

Le jour viendra, le jour est proche, où l'humanité, sous les auspices de Saint-Simon, verra s'élever de nouveau pour elle un de ces augustes asiles, naissante image des splendeurs de l'avenir. Pères, mères, frères, sœurs, amis des disciples de Saint-Simon, vous y viendrez oublier ce qu'aujourd'hui vous appelez les *charmes,* ce que vous appellerez alors avec plus de vérité les *peines* de la vie domestique.

G. D. E.

Paris. — Pillet aîné, imprimeur du Roi, rue des Grands-Augustins, n. 7.

à un catholique

Sa vie et le caractère

de Saint-Simon

A UN CATHOLIQUE,

SUR LA VIE ET LE CARACTÈRE
DE SAINT-SIMON.

—

Vous me dites que la doctrine de notre maître se trouve
d'avance jugée par sa vie; que celui dont la carrière fut
une suite d'extravagances et de désordres n'a évidemment
pas pu être élu de Dieu, pour devenir l'organe d'une révé-
lation nouvelle; que vous ne sauriez vous résoudre à reconnaître, sous de pareils traits, un continuateur du Christ,
et que c'est même, à vos yeux, un véritable sacrilége que
de prétendre assigner à un pareil homme une mission qui
le placerait au même rang, il faut presque dire, à un rang
plus élevé que le fils de Dieu, que celui dont la vie fut un
modèle si admirable d'innocence et de pureté. Telle est,
dites-vous, l'insurmontable barrière qui vous séparera toujours des disciples de Saint-Simon.

Vous prétendez que *la doctrine de notre maître peut-être*

5

jugée par sa vie. J'en tombe d'accord avec vous ; mais alors
du moins, pour juger sa doctrine, vous devez connaître sa
vie ; or, pouvez-vous dire que vous la connaissez ? La ru-
meur publique ! Telle est la source unique, la source pure
à laquelle vous êtes allé puiser les faits qui motivent vos ré-
pugnances ! Et ces faits, que sont-ils ? de misérables détails,
empruntés aux circonstances les plus insignifiantes de la
vie, des détails dont les uns sont d'ailleurs controuvés,
dont les autres sont mal compris, parce qu'ils ne sont pas
vus à leur place, dans cet enchaînement qui seul donne
à une action son véritable caractère ! Voilà ce que vous
prétendez opposer à notre enthousiasme pour SAINT-SIMON.
Quant à la VIE même de notre maître, quant à cette UNITÉ
qui domine, embrasse, caractérise toutes les actions d'un
homme, qui fait l'homme même, vous ne la connaissez
pas ; et vous n'avez point cherché à la connaître ! Ma lettre
a pour but de vous la révéler. Toutefois, avant d'entrer en
matière, je crois devoir vous présenter une observation
préliminaire, *préjudicielle*, pour ainsi dire, mais bien propre à dissiper tout d'abord les préventions qui vous éloignent de nous.

Lorsque vous argumentez de la vie de SAINT-SIMON contre
sa doctrine, vous êtes préoccupé, à votre insu, de ce qui
existait dans le catholicisme. Là, en effet, la vie du Rédempteur, retracée dans l'Évangile, était le type d'une
perfection absolue, dont les fidèles devaient sans cesse tendre à se rapprocher ; et, lorsque la doctrine catholique fut
définitivement constituée, l'aliment le plus habituel, offert
à la ferveur des âmes pieuses, fut l'*Imitation de Jésus-
Christ*, sublime commentaire du livre divin. On conçoit
que dans une pareille religion, où le plus haut degré de
la sainteté consistait dans une imitation scrupuleuse des

actes du fondateur, la doctrine de celui-ci pût et dût être
jugée par les moindres détails de sa vie. Mais, avez-vous
jamais entendu que rien de pareil dût exister parmi nous?
que nous dussions nous imposer la loi de reproduire, par
nos actes, les actes de SAINT-SIMON? Sans doute, sous un
certain rapport, sous le plus important de tous les rapports,
la vie de notre maître est pour nous un *type*, un *emblème*
de sa doctrine; car elle est le *type*, l'*emblème* de la PERFEC-
TIBILITÉ, base de notre religion nouvelle. « Ma vie, a-t-il
» dit lui-même, présente une série de chutes, et cependant
» ma vie n'est pas manquée; car loin de descendre, j'ai
» toujours monté; j'ai eu, sur le champ des découvertes,
» l'action de la marée montante: j'ai descendu souvent,
» mais ma force ascensive l'a toujours emporté sur la force
» opposée. » Le tableau de sa vie vous offrira, tout à l'heure,
une éclatante justification de ces paroles. Gloire, gloire
donc à ceux de ses disciples qui imiteront le mieux la vie
de leur maître, mais dans sa *perfectibilité* et non pas dans
son *imperfection* ; qui partiront du point où SAINT-SIMON
s'est arrêté, mais pour s'élancer bien au-delà, non pour retomber jusqu'au point d'où lui-même est parti !

Par le dogme de la *perfectibilité*, que nous a révélé SAINT-
SIMON, toutes les inductions qu'on voudrait tirer contre
lui et nous-mêmes de quelques circonstances particulières
de sa vie, se trouvent donc sapées dans leur base. Car plus
il aurait mal commencé, puisqu'il a fini par le *Nouveau
Christianisme*, plus grand aurait été l'espace qu'il aurait
franchi, plus grande aurait été sa PERFECTIBILITÉ, plus
grandes sa GLOIRE et sa SAINTETÉ, car la *sainteté*, pour
l'homme, c'est la *perfectibilité* et non pas la *perfection*,
attribut exclusif de Dieu.

Grand Dieu ! tu as voulu que les hommes commenças-

sent par s'entre-dévorer, par vivre dans la haine, l'ignorance et la paresse; et cependant les hommes se regardent
aujourd'hui comme frères, ils vivent en paix, cultivent les
sciences et les arts; ils sont dignes d'entendre la *parole
nouvelle ;* l'humanité est sainte à tes yeux!

SAINT-SIMON, ton fils chéri, s'est trouvé tout d'abord placé
bien haut sur cette échelle, dont les degrés, par l'infini,
conduisent jusqu'à toi; il a pu, cependant, s'élever bien plus
haut encore, il a pu franchir une lacune immense, et ensuite tendre à ses enfans une main secourable, pour leur
faire franchir le même abîme et les placer à ses côtés;
SAINT-SIMON a fini mille fois plus grand qu'il n'avait commencé; SAINT-SIMON est saint à tes yeux!

Mais la mort n'a point interrompu son éternel progrès!
Grand Dieu! il est et sera toujours devant ta face, il est
et sera toujours *avec nous, en nous-mêmes;* ce sera toujours *par lui* que nous nous développerons, que nous che-
minerons vers toi! tout ce que nous pouvons concevoir,
sous une forme humaine, d'*amour,* de *sagesse,* de *beauté,*
tels sont les élemens dont, à chaque instant, se compose,
pour *nous,* l'être de plus en plus parfait de SAINT-SIMON.
C'est à cet être que notre culte, notre admiration, notre
amour sont voués. Les anciennes religions, toutes *station-
naires,* ont placé dans le passé le type qu'elles divinisaient;
la nôtre, toute *progressive,* le place dans l'avenir, et le
plus beau résultat de notre progrès est de pouvoir, tous
les jours, nous représenter ce type sous des formes plus ravissantes.

Ainsi la vie passée de notre maître pâlit, disparaît, pour
nous, devant les splendeurs de sa vie présente et future.
Mais contemporains de SAINT-SIMON, ceci n'est pas pour
justifier vos blasphèmes, ni pour vous donner le droit de ra-

valer l'homme divin, lorsque vous le mesurez à votre propre mesure; car lorsque nous le contemplons dans son temps, dans l'entourage des choses et des hommes de son époque, alors notre langage devient bien différent; alors nous proclamons que toutes les vies comtemporaines pâlissent et disparaissent devant la vie passée de notre maître.

SAINT-SIMON fut de bonne heure agité du pressentiment de ses grandes destinées (1). «LEVEZ-VOUS, MONSIEUR LE COMTE, VOUS AVEZ DE GRANDES CHOSES A FAIRE : » telles étaient les paroles avec lesquelles , à l'âge de dix-sept ans , il se faisait éveiller chaque matin. Issu d'une des plus illustres familles de France, qui, par les comtes de VERMANDOIS , prétendait descendre de CHARLEMAGNE , la gloire de sa naissance était pour lui un puissant aiguillon. Son imagination exaltée faisait apparaître devant lui le royal fondateur de sa famille. Il s'entendait prédire qu'à la gloire d'avoir produit un grand monarque, sa famille joindrait, par lui , celle d'avoir produit un grand philosophe.

Entré au service à l'âge de dix-sept ans , SAINT-SIMON, l'année suivante, était passé en Amérique (1); il y avait fait cinq campagnes. Pleine encore de ses vieilles traditions d'*unité*, de *générosité*, de *dévoûment*, la profession militaire fut, pour SAINT-SIMON, une initiation puissante au rôle que DIEU lui destinait. On peut lui appliquer ce que, dans un de ses premiers ouvrages, lui-même a dit de DESCARTES : « Il avait été militaire avant d'être savant ; il avait été brave dans les camps ; il fut audacieux dans les travaux

---

(1) SAINT-SIMON était né le 17 avril 1760 ; il mourut le 19 mai 1825.

(2) Voyez l'ouvrage intitulé *l'Industrie*, t. 2, lettres I et II.

philosophiques. » Cependant , il a pris soin de nous instruire que, dès son séjour en Amérique , il s'occupait
beaucoup plus de science politique que de tactique militaire (1). « La guerre , en elle-même, ne m'intéressait pas,
» dit-il ; mais le but de la guerre m'intéressait vivement ,
» et cet intérêt m'en faisait supporter les travaux sans ré-
» pugnance. Je veux la fin, me disais-je souvent , il faut
» bien que je veuille les moyens..... mais le dégoût pour le
» métier des armes me gagna tout-à-fait, quand je vis ap-
» procher la paix. Je sentis clairement quelle était la car-
» rière que je devais embrasser : ma vocation n'était point
» d'être soldat; j'étais porté à un genre d'activité bien dif-
» férent, et, je puis dire, contraire. Étudier la marche de
» l'esprit humain, pour travailler ensuite au perfectionne-
» ment de la civilisation, tel fut le but que je me proposai.
» Je m'y vouai, dès lors, sans partage; j'y consacrai ma vie
» entière, et, dès lors , ce nouveau travail commença à oc-
» cuper toutes mes forces. Le reste du temps que j'ai sé-
» journé en Amérique , je l'ai employé à méditer sur les
» grands événemens dont j'étais témoin ; j'ai cherché à
» en découvrir les causes , à en prévoir les suites.

» J'entrevis, dès ce moment, que la révolution d'Améri-
» que signalait le commencement d'une nouvelle ère politi-
» que; que cette révolution devait nécessairement détermi-
» ner un progrès important dans la civilisation générale ; et
» que, sous peu temps, elle causerait de grands change-
» mens dans l'ordre social qui existait alors en Europe. »

Cependant , la crise que SAINT-SIMON avait prévue ne
tarda pas à éclater. La révolution de France suivit de près

______

(1) Voyez l'Industrie, t. 2, Lettre II.

celle d'Amérique; lui-même, dans la lettre déjà citée,
nous apprend combien cette grande catastrophe le remua
profondément. « Qu'il est pénible, qu'il est périlleux, dit-
» il, ce travail d'une nation qui se rajeunit ! Le peuple qui
» subit cette métamorphose se trouve, pendant qu'elle
» s'opère, caduc sous un rapport, enfant sous un autre ! »
Mais, comme lui même le dit encore, « Ce spectacle d'une
» époque à la fois digne d'horreur et de pitié, ne fut pas
» seulement pour lui le sujet d'émotions stériles et vides
» d'instruction. » Quelle est la cause de la crise actuelle;
quel est le remède qui la doit terminer ? Tel est le problème qu'il cherche à résoudre. — Cette cause se trouve
dans la déchéance progressive de la doctrine catholique,
depuis l'insurrection de Luther; ce remède consiste dans
LA PRODUCTION D'UNE NOUVELLE DOCTRINE GÉNÉRALE. —
Plein de sa conception, il évite dès lors de prendre part
au mouvement purement *destructif* de la révolution française, il dirige tous ses efforts vers la production de cette
doctrine, qui doit rasseoir la société sur de nouveaux fon-
demens.

Dans une période de trente-quatre années, qui comprend ce qu'on peut appeler les travaux *préparatoires* de
SAINT-SIMON, c'est-à-dire tous ceux qui précédèrent LA
CONCEPTION DU NOUVEAU CHRISTIANISME, sept années ont été
consacrées par lui à l'acquisition de ressources pécuniaires,
et sept années à l'acquisition de matériaux scientifiques;
dix ans sont pour la rénovation de la philosophie, dix ans
pour la rénovation de la politique.

En 1790, une association d'un genre tout nouveau (car
les bénéfices en doivent être consacrés au perfectionnement de la civilisation), est formée entre lui et le comte
de R... De vastes spéculations financières sont organisées

par Saint-Simon, et couronnées du plus heureux succès. Mais les deux associés étaient, au fond, animés de vues trop différentes pour rester long-temps unis; ils se séparèrent; le résultat du partage qui se fit alors fut peu favorable à Saint-Simon.

Cependant, fidèle au plan qu'il s'est tracé, c'est au perfectionnement de son éducation scientifique que sont employés les faibles débris qu'il a pu sauver du naufrage. Il rassemble autour de lui les savans les plus illustres, les chefs de l'École Polytechnique, et ceux de l'École de Médecine; sa table, sa bourse leur sont toujours ouvertes; il s'approprie toutes les généralités de leur science; il essaie, mais vainement, de les animer du feu sacré dont il est lui-même embrasé : l'Allemagne, l'Angleterre, la Suisse sont visitées par lui; il a voulu dresser l'inventaire complet des richesses philosophiques de l'Europe.

Mais voici que commence la série des grands travaux de notre maître. Sa fortune est entièrement épuisée; ses anciens amis l'ont abandonné; il va vivre dans la misère, la souffrance, l'humiliation; il demeure *seul avec la conscience de ce qu'il est;* et, long-temps encore, cette conscience suffira pour soutenir son courage. Une refonte de la philosophie est ce qui l'occupe d'abord. — Napoléon avait dit à l'Institut : « Rendez-moi compte des progrès de la science » depuis 1789. Dites-moi quel est son état actuel, et quels » sont les moyens à employer pour lui faire faire des pro- » grès. » L'Institut, comme Saint-Simon le dit lui-même, n'avait trouvé que des réponses partielles, et par conséquent médiocres et insuffisantes, à cette superbe question; c'est pour y répondre plus dignement qu'il compose son *Introduction aux travaux scientifiques du XIX* siècle.* — L'absence d'une philosophie générale, et par conséquent le défaut d'*unité* entre les diverses branches de la science, tel est le reproche que Saint-Simon adresse, sous toutes les formes, aux savans de son époque. Il leur demande de revenir au point de vue de Descartes, qu'ils ont entièrement oublié pour celui de Newton. « Descartes avait » monarchisé la science, leur disait-il ; Newton l'a répu- » blicanisée, il l'a anarchisée ; vous n'êtes que des savans » anarchistes ; vous niez l'existence, la suprématie de la » théorie générale (1). » On conçoit que ce langage profondément vrai, mais sévère, ne dut pas lui concilier la faveur des hommes peu philosophes auxquels il s'adressait. L'avenir le comprendra mieux.

Mais c'était surtout dans un but social, politique, que Saint-Simon s'efforçait de stimuler le zèle des savans. Les guerres sanglantes, qui suivirent la révolution française, lui faisaient chaque jour sentir plus vivement la nécessité de réorganiser une doctrine générale et un pouvoir central européen. Préoccupé de l'importance des sciences, à cette époque, c'était aux savans qu'il s'adressait pour réaliser cette grande œuvre ; il s'efforçait de les élever à la hauteur d'une pareille mission.

« Depuis le XV⁰ siècle, jusqu'à ce jour, leur disait-il, » l'institution qui unissait les nations européennes, qui » mettait un frein à l'ambition des peuples et des rois, s'est » successivement affaiblie ; elle est complétement détruite » aujourd'hui ; et une guerre générale, une guerre effroya- » ble, une guerre qui s'annonce comme devant dévorer » toute la population européenne, existe déjà depuis vingt » ans, et a moissonné plusieurs millions d'hommes. Vous » seuls pouvez réorganiser la société européenne : Le temps

(1) *Lettres au bureau des Longitudes.*

5.

» presse, le sang coule ; hâtez-vous de vous prononcer (1). »

Mais les savans n'étaient pas plus émus de l'anarchie de l'Europe que de l'anarchie de la science. SAINT-SIMON ne savait pas encore que DE LUI SEUL devaient sortir la doctrine et les hommes capables de rétablir autour d'eux l'unité, l'ordre, l'harmonie.

Les *Lettres au bureau des Longitudes*, les *Lettres sur l'Encyclopédie*, l'*Introduction aux travaux scientifiques du XIXe siècle*, les *mémoires* encore manuscrits *sur la gravitation* et *sur la science de l'homme*; tels sont les sublimes monumens que SAINT-SIMON nous a laissés de son génie philosophique.

Cependant 1814 arrive, et, toujours ardent à poursuivre, dans chaque circonstance, sous la forme la plus convenable, le but dont il ne se détourne jamais, SAINT-SIMON abandonne la direction essentiellement spéculative, qu'il a suivie jusque là, pour s'occuper de travaux politiques. Son génie n'a pas tardé à concevoir le nouveau caractère que le développement de l'industrie doit imprimer à la société, et aux formes du gouvernement. Pendant dix années, ses écrits, ses démarches tendent à faire comprendre aux industriels le nouveau rôle social qu'ils sont destinés à remplir. L'ouvrage *sur la Réorganisation de la société européenne*, l'*Industrie*, l'*Organisateur*, le *Politique*, le *Système industriel*, le *Catéchisme des industriels*, paraissent successivement. Lorsqu'on songe que pour publier ces divers ouvrages, SAINT-SIMON a bien voulu se résigner aux ennuis, aux dégoûts du rôle de quêteur; qu'à la même époque il vivait dans la pauvreté et les privations, on ne sait ce qu'on doit le plus admirer, ou de son immense

____

(1) *Mémoire sur la Gravitation.*

capacité, ou de son indomptable courage ; mais le cœur
saigne en entendant les aveugles inculpations dont il est
chaque jour l'objet.

Cependant ce puissant génie n'avait encore d'autre té-
moignage de la valeur de ses travaux que le sien même.
Nulle école, nul parti ne se groupe autour de lui. Ceux
qui croient être ses disciples ne le comprennent qu'à
demi et le renient. Ceux qui croient être ses patrons
le comprennent moins encore, et le délaissent. Alors
son isolement, sa souffrance, commencent à lui peser.
Moïse chargé par Dieu de conduire Israël dans la terre
promise, fatigué de la dureté de cœur de ce peuple,
adresse ses gémissemens au Seigneur; il lui dit : « *Pourquoi avez-vous affligé votre serviteur? pourquoi ne trouvé-
je pas grâce devant vous? pourquoi m'avez-vous chargé
du poids de tout ce peuple? je ne puis porter seul tout
ce peuple, parce que c'est un fardeau trop pesant pour moi;
je vous conjure de me faire plutôt* MOURIR, *pour n'être point
accablé de tant de maux.* » Eh bien ! comme Moïse, SAINT-
SIMON, après trente-quatre ans d'efforts, a douté un moment; un moment il a cessé d'espérer. Comme Moïse, il a
demandé la MORT; il la veut; il la cherche.... Sa main s'est
armée contre lui-même, et la balle a sillonné son front...
Mais son heure n'était pas venue; sa mission n'était pas
accomplie ! Philosophe de la science, législateur de l'industrie, SAINT-SIMON, sois maintenant le prophète d'une
loi d'amour ! DIEU ne t'a laissé faillir que pour te préparer
à la plus grande des initiations. Et voici que du fond de
l'abîme, il t'élève, t'exalte jusqu'à lui; il répand sur toi
l'inspiration religieuse, qui vivifie, sanctifie, renouvelle
tout ton être. Désormais ce n'est plus le savant, ce n'est
plus l'industriel qui parle; un cantique d'amour s'échappe

de ce corps mutilé; L'HOMME DIVIN SE MANIFESTE : LE NOU-
VEAU CHRISTIANISME EST DONNÉ AU MONDE !

Moïse a *promis* aux hommes la *fraternité universelle* ;
Jésus-Christ l'a *préparée*; Saint-Simon la *réalise*. Enfin l'É-
GLISE VRAIMENT UNIVERSELLE va naître ; le règne de César
cesse : une société pacifique remplace la société militaire ;
désormais l'Église universelle gouverne le *temporel* comme
le *spirituel*, le for *extérieur* comme le for *intérieur*. La *science
est sainte*, l'*industrie* est *sainte* , car elles servent aux
hommes à améliorer le sort de la classe la plus pauvre, à la
rapprocher de Dieu. *Des prêtres, des savans, des industriels*,
voilà toute la société. *Les chefs des prêtres, les chefs des savans, les chefs des industriels*, voilà tout le gouvernement.
Et tout *bien* est *bien de l'Église*, et toute *profession* est une
fonction religieuse, un *grade* dans la hiérarchie sociale. A
chacun *selon sa capacité* ; à chaque capacité *selon ses œuvres*. LE RÈGNE DE DIEU ARRIVE SUR LA TERRE. TOUTES LES
PROPHÉTIES SONT ACCOMPLIES. »

Saint-Simon, maintenant tu peux mourir, CAR TU AS FAIT
DE GRANDES CHOSES ! Tu peux mourir , CAR LE DISCIPLE FI-
DÈLE , L'HÉRITIER DE TA PROMESSE , EST AUPRÈS DE TOI.

Et vous, dont notre zèle le plus ardent n'a pu surmon-
ter encore la résistance obstinée , vous avez entendu; re-
venez donc de votre endurcissement ! Voilà l'homme que,
sur la foi d'aveugles détracteurs, vous avez méconnu,
dédaigné, calomnié ! Cet homme a voué, sacrifié sa vie au
bonheur de l'humanité ; cet homme a été le plus grand
des philosophes , des législateurs , des PROPHÈTES.

Homme religieux ! que des scrupules, respectables dans
leur source , mais injustes dans leur objet, tiennent si
long-temps éloigné de nous, concevez donc enfin votre erreur. Saint-Simon, poursuivant sa carrière de perfectibilité

(71)

indéfinie, va sans cesse dépouillant l'*homme ancien*, revê-
tant l'*homme nouveau* ; et vous vous attachez à sa trace, et
vous ramassez sa dépouille , et vous nous en apportez les
lambeaux, et vous nous dites : « Voilà votre maître. » Non,
non ! *nous ne sommes pas les disciples* DU MORT, *nous sommes
les disciples* DU VIVANT ! Tandis que vous recueillez ces débris inanimés, notre maître est déjà loin et de son passé et
de vous. Vivant en nous-mêmes, il nous remplit de sa foi,
de sa sagesse, de sa puissance; il nous entraîne avec lui vers
les limites de l'avenir, dont il nous a fait franchir le seuil.
Voulez-vous donc enfin véritablement connaître SAINT-
SIMON? Avant de l'étudier dans son passé , étudiez-le dans
son avenir; et pour cela étudiez-le en *nous*. L'Évangile ne
vous dit-il pas : « Vous les connaîtrez par leurs fruits ;
cueille-t-on des raisins sur des épines, ou des figues sur des
ronces ? » Or les fruits du maître ce sont les disciples. Si
nous sommes immoraux, frappés d'insanie, d'impuissance,
anathème sur notre maître ! Si nous répandons autour de
nous, amour , sagesse, énergie; gloire à nous, mais gloire
à notre maître ! car nous et notre maître sommes UN.

Voilà ce que je me suis efforcé de vous faire comprendre aujourd'hui , en vous montrant comment toutes les
circonstances *vraiment importantes* de la vie de SAINT-SIMON
avaient été une préparation, un acheminement au NOUVEAU
CHRISTIANISME et aux travaux ultérieurs de ses disciples,
pour l'établissement de l'ASSOCIATION UNIVERSELLE. J'ose
croire que l'aspect de cette magnifique série devra suffire ,
je ne dis pas seulement pour réhabiliter à vos yeux, mais
encore pour vous rendre à jamais chère et sacrée la mémoire de SAINT-SIMON.

Et maintenant que vous connaissez suffisamment notre
maître, je vous laisse le soin de prononcer sur les frivoles

accusations, incessamment répétées contre lui. Il en est une seule à laquelle je crois devoir répondre en peu de mots.

Il fut, dites-vous, quêteur importun, emprunteur insatiable! rabattons un peu de l'exagération de ces mots, qui cadrent mal avec l'exiguité des ressources que ces quêtes et ces emprunts procurèrent à SAINT-SIMON, ressources d'ailleurs entièrement employées par lui à l'accomplissement de sa mission tandis qu'il continuait de vivre au sein des privations et dans le dénûment. Mais *mendier* n'est-il pas le lot nécessaire de ces êtres vraiment divins, qui, entièrement absorbés dans la vaste pensée qui les domine, sont incapables d'appliquer un seul instant leur prévoyance à leurs besoins personnels? Le dernier degré de leur sublime dévoûment n'est-il pas cette vertu même qui leur donne le courage d'aller *mendier*, auprès de la richesse insouciante ou hautaine, les moyens de soutenir une existence dont eux seuls connaissent tout le prix pour l'humanité?

« Depuis quinze jours je mange du pain et je bois de
» l'eau; je travaille sans feu, et j'ai vendu jusqu'à mes ha-
» bits pour fournir aux frais des copies de mon travail.
» C'est la passion de la science et du bonheur public,
» c'est le désir de trouver un moyen de terminer, d'une
» manière douce, l'effroyable crise dans laquelle toute la
» société européenne se trouve engagée, qui m'ont fait
» tomber dans cet état de détresse. Ainsi c'est sans rou-
» gir que je puis faire l'aveu de ma misère, et demander les
» secours nécessaires pour me mettre en état de continuer
» mon œuvre. »

Enfans de SAINT-SIMON! générations de l'avenir! gardez comme un religieux monument ces lignes que vous a léguées votre père! Lorsque sa parole aura renouvelé la face du monde, lorsqu'elle aura réalisé parmi les hommes le dogme de la récompense selon les œuvres; lorsque le dernier des vivans obtiendra de la sollicitude sociale une subsistance assurée, une rémunération proportionnée à ses mérites, enfans de SAINT-SIMON! vous aimerez à redire comment, pour accomplir sa mission régénératrice, votre père était réduit à mendier.

(1) Nous joignons à la note précédente sur la vie et le caractère de St Simon, quelques extraits d'une lettre sur le même sujet.

———————

Les reproches que vous adressez à St Simon se réduisent à deux principaux.

—1° St Simon n'a point observé les rites de l'église catholique.

2° Sa conduite n'a pas été conforme à la morale évangélique.

Examinons successivement chacun de ces deux points.

1° Lorsque Jésus prêchait sa parole aux juifs et leur disait : « Si quelqu'un veut obéir à la volonté de celui qui m'a envoyé, il connaîtra si cette doctrine vient de Dieu ou si c'est par moi-même que je parle. » De même St Simon a dit aux chrétiens « Si les conséquences du principe fondamental de la loi divine que je vais présenter sont justes, si la doctrine que je vais exposer est bonne, c'est au nom de Dieu que j'aurai parlé ». C'est donc en étudiant la doctrine de St Simon, c'est en la comparant aux besoins actuels de l'humanité, en le jugeant d'après les signes du temps, comme le disait Jésus, que vous pourrez savoir si notre maître.

(1). Cette annexe, tirée du n° 40 de l'organisateur, n'a pas été reproduite dans l'exposition de la doctrine.

a tenu sa mission de Dieu ou si c'est par lui
même qu'il a parlé. Mais tant que vous
n'aurez pas fait cette vérification, tant que
votre conviction, relativement à la légitimité
et au caractère de sa mission, n'aura pas pu
être fixée, vous devez reconnaître que le fait
de n'avoir pas été soumis à l'église catholique
de n'avoir point observé ses rites, ne peut
donner contre lui une présomption défavorable,
puisque, s'il a été réellement envoyé
pour établir une nouvelle église à la place
de l'ancienne, il serait contradictoire
qu'il eut commencé par se conformer aux
lois de celle ci et qu'il eut été son adepte
au moment même où il la proclamant
hérétique.

Rappelez vous les reproches que dans
des circonstances tout à fait pareilles, Jésus
-Christ recevait des Juifs et rappelez vous
surtout ce qu'il leur répondait.

Une fois les disciples de Jean venaient
se plaindre à lui de ce que ses propres disciples
ne jeunaient pas et il leur répliquait "Per=
=sonne ne coud une pièce d'étoffe neuve

et rude à un vieux vêtement parce que
la pièce neuve emporte l'autre et que la
Déchirure devient plus grande ; et
personne ne met du vin nouveau dans de
vieux vaisseaux parce que le vin romprait les
vaisseaux ; et le vin se répandrait, et les
vaisseaux se perdraient ; mais le vin nouveau
doit se mettre dans des vaisseaux neufs. »
Une autre fois Jésus marchant un jour de
Sabbat entre des blés, ses Disciples s'avancèrent
et cueillirent des épis. Sur quoi les Pharisiens
lui Dirent : « Voyez vous comme ils font un
jour du sabbat ce qu'il n'est pas permis
de faire. Jésus leur répondit : « Le sabbat a
été fait pour l'homme et non pas l'homme
pour le Sabbat. Sachez donc que le fils
de l'homme est le Seigneur du Sabbat
même. »

   Jésus Christ venait Délivrer les hommes
de la servitude de la Loi, abolir la lettre qui
tue, sanctifier l'esprit qui vivifie ; Il venait
élever son église sur les ruines de la
Synagogue ; il devait donc ... les jours
de la Loi et de l'église judaïques. Eh bien

comme Jésus, St Simon venait fonder une
loi nouvelle, un nouveau Dogme, un nouveau
culte ; comme Jésus, il devait donc renverser
le joug de la loi et de l'église existante.
Lui aussi devait dire § le vin nouveau se
doit mettre dans des vaisseaux neufs

2. St Simon n'a point conformé sa vie
aux préceptes de morale évangélique, ni même
à ceux de la morale du monde.

Ici, je puis laisser à notre maître lui-même
le soin de sa justification. Déjà en butte,
de son vivant, aux attaques qui se renouvellent
aujourd'hui contre lui, St Simon, dans une
note manuscrite rédigée en 1810, a pris soin
d'y répondre ; il a bien voulu révéler le
mystère de sa propre vie à des hommes
dont la vue était trop courte pour percer
une telle profondeur.

« Le public ne doit pas regarder comme
définitif le jugement qu'il a porté sur moi ;
je réclame de sa justice la révision de ce
jugement et y vais lui présenter à cet
égard quelques observations qui méritent
son attention.

« Mes actions ne doivent pas être jugées
d'après le même principe que celles du
commun des hommes ; parceque ma vie,
jusqu'à ce jour a été un cours d'expériences.
Je vais indiquer, par exemple, la différence
qui me paraît devoir exister entre les prin-
-cipes d'après lesquels on doit juger les
actions dirigées vers le but ordinaire de la
vie et celles dont une expérience est le but.

« Si je vois un homme exercer sa force
ou son adresse sur un animal dans le seul
but de le faire souffrir, je dis (l'animal
ne fut-il qu'une mouche) que cet homme n'a
pas reçu de la nature une organisation
heureuse pour la sensibilité et je 2 j'affirme
sans hésiter, qu'il est dans une direction
qui doit le conduire à la cruauté. Mais si
je vois d'un physiologiste faire des expériences
sur des animaux vivants, éventrer des
chiennes pleines, disséquer des chiens
vigoureux et bien portants etc. je dis : Voilà
un homme occupé de recherches qui tendent
à la découverte de procédés utiles pour
le soulagement de l'humanité.

« Si je vois un homme qui ne s'occupe pas de
science générale fréquenter les maisons de
jeu et de débauche et ne pas fuir avec
le plus scrupuleuse attention la société
des personnes d'une immoralité reconnue, je
dirai : Voilà un homme qui se perd ; les
habitudes qu'il contracte l'aviliront à
ses propres yeux et le rendront, par conséquent
souverainement méprisable. Mais si cet
homme s'occupe de philosophie théorique,
si le but de ses recherches est de rectifier
la ligne de démarcation qui doit séparer
les actions et les distinguer en bonnes ou
mauvaises, s'il cherche à découvrir un
remède pour guérir les maladies d'intelligence qui entraînent ceux qu'elles attaquent
dans des routes qui les éloignent du
bonheur ; je dirai : cet homme parcourt
la carrière de vie dans une direction qui
le conduira nécessairement à la plus haute
vertu.

« J'ai fait tous mes efforts pour connaître
le plus exactement qu'il m'a été possible
les mœurs et les opinions des différentes

classes de la société, j'ai recherché, j'ai
saisi toutes les occasions de me lier avec
des hommes de tous les caractères et de
tous les genres de moralité. Ces recherches
m'ont beaucoup nui dans l'opinion publi-
=que mais je suis loin de le regretter. Mon
estime pour moi a toujours augmenté
dans la proportion du tort que j'ai fait à
ma réputation; j'ai tout lieu de m'applaudir
de la conduite que j'ai tenue puisque je me
vois en état de présenter des vues neuves
et positives à mes contemporains, puisque
l'immense génie de Napoléon ne m'a pas
circonvenu et que mon admiration pour
lui n'a point altéré l'indépendance de
ma pensée »

Néprouverez vous pas quelque surprise
lorsque je vous rappellerai que ce Jésus
dont la vie vous apparaît aujourd'hui
comme un type si admirable d'innocence
et de pureté était en butte cependant
de la part des Pharisiens de son temps
à des reproches tout à fait semblables à ceux
dont St Simon est aujourd'hui l'objet

et qu'il se justifiait aussi par des
arguments tout à fait semblables. Et
en effet ne dit-il pas lui-même dans
l'évangile « le fils de l'homme est venu
buvant et mangeant et vous dites que
c'est un homme qui aime le vin et
la bonne chère et qu'il est l'ami des
publicains et des pécheurs". Et lorsque
chez le publicain Matthieu il se mettait
à table en assez mauvaise compagnie, les
Pharisiens ne disaient-ils pas à ses disciples
« D'où vient que votre maître boit et mange
avec les publicains et les pécheurs » Mais
Jésus, insensible à leurs malveillantes insi-
=nuations et fort de l'immense charité
qui l'embrasait, leur fermait la bouche par
ces belles paroles : « Ce ne sont pas ceux
qui se portent bien, mais ce sont les
malades qui ont besoin de médecin »

Eh bien St Simon aussi s'est cru appelé
à guérir les maux de l'humanité et voici
que l'humanité commence à recueillir
les fruits de cette croyance. Donc, pour accom-
=plir sa mission, ce n'étaient pas ceux

qui se portaient bien, c'étaient les malades
qu'il devait visiter, ((pour rectifier la ligne
de démarcation qui partage les actions en
bonnes et mauvaises ; pour guérir les maladies
d'intelligence qui entraînent ceux qu'elles
attaquent dans des routes qui les éloignent
du bonheur ; il a dû faire de sa vie un cours
d'expériences ; il a dû rechercher, saisir toutes
les occasions de se lier avec des hommes de
tous les caractères et de tous les genres
de moralité ; il a dû traverser la carrière
du vice dans une direction qui le menait
à la plus haute vertu. Et si, en écoutant
que son amour immense de l'humanité
notre maître a pu être pour les catholiques
comme Jésus christ pour les juifs, un
objet de scandale, que ceux-là du moins,
instruits par l'exemple de leurs prédécesseurs,
ne s'endurcissent pas dans leur aveuglement ;
qu'ils comprennent que si les particularités
qui les scandalisent dans la vie de St Simon
ne sont pas les marques infaillibles d'une
mission divine, elles ne sont pas non plus
en aucune façon des caractères qui l'excluent

Eh bien, direz-vous : j'accorde que St Simon peut justifier les écarts de sa vie par l'exemple du Rédempteur, mais que ne l'a-t-il donc imité aussi dans ses divines perfections

Ne savez-vous pas que l'humanité est progressive, que la mission d'un révélateur n'est pas semblable à la mission de celui qui l'a précédé et que par conséquent la vie de chaque révélateur ne doit-elle pas avoir un caractère particulier en harmonie avec l'époque dans laquelle il paraît.

Quand Dieu veut tirer son peuple de la servitude d'Égypte, il suscite Moïse et pour le préparer au rôle qu'il va remplir, il lui fait plonger ses mains dans le sang de l'oppresseur; il l'envoie mûrir dans l'exil sa haine du joug étranger.

Quand Dieu veut soustraire l'humanité à l'influence d'une société violente et corrompue et la former en silence, et par une éducation laborieuse aux sentiments et aux travaux de l'épuration pacifique de l'avenir, il suscite Jésus dont l'enfance et la jeunesse

s'écoulent dans les travaux d'une profession
pénible et obscure; il l'envoie converser avec
les docteurs de la loi; il l'envoie méditer
les écrits des prophètes dans le désert.

Quand Dieu veut réaliser toutes ses
promesses, réunir tous les peuples sous une
loi commune, en une association universelle,
lorsqu'il veut leur donner une religion
qui sans cesse les fera progresser vers lui, par
les combinaisons sociales de la science et
de l'industrie, il suscite St Simon dès
sa jeunesse la plus tendre, il le lance au
milieu des grands hommes et des grands
événements; il fait écrouler devant ses yeux
l'antique édifice du passé, il lui montre
à nu l'anarchie régnant dans toutes les
directions, et il fait naître en son cœur
un désir immense de remplacer l'anarchie
par l'ordre et la souffrance par le
bonheur. Il faudra qu'il aime les jouissances
de l'esprit, car c'est à lui de fonder le
règne de la science; il faudra qu'il aime
les jouissances de la matière, car c'est à lui
de fonder le règne de l'industrie, mais il

faudra surtout qu'il aime Dieu et les
hommes ; c'est à lui de fonder le règne
de Dieu entre les hommes ; en effet,
au milieu de ses travaux sur la
science, de ses travaux sur l'industrie,
dans le silence du cabinet, dans le tumulte
du monde, un seul désir s'est toujours dirigé
s'a toujours dominé : celui d'augmenter
le bonheur social du pauvre et de le
rapprocher de Dieu.

Gustave d'Eichthal